折射集
prisma

照亮存在之遮蔽

南京大学郑钢基金
ZHENG GANG FUND OF NANJING UNIVERSITY

由南京大学郑钢基金资助出版

Hans Heinz Holz

Widerspiegelung

当代学术棱镜译丛 · 国外马克思主义与后马克思思潮系列

丛书主编 张一兵 副主编 周宪 周晓虹

反映

[德] 汉斯·海因茨·霍尔茨 著　刘萌 张丹 译

南京大学出版社

《当代学术棱镜译丛》总序

自晚清曾文正创制造局,开译介西学著作风气以来,西学翻译蔚为大观。百多年前,梁启超奋力呼吁:"国家欲自强,以多译西书为本;学子欲自立,以多读西书为功。"时至今日,此种激进吁求已不再迫切,但他所言西学著述"今之所译,直九牛之一毛耳",却仍是事实。世纪之交,面对现代化的宏业,有选择地译介国外学术著作,更是学界和出版界不可推诿的任务。基于这一认识,我们隆重推出《当代学术棱镜译丛》,在林林总总的国外学术书中遴选有价值篇什翻译出版。

王国维直言:"中西二学,盛则俱盛,衰则俱衰,风气既开,互相推助。"所言极是! 今日之中国已迥异于一个世纪以前,文化间交往日趋频繁,"风气既开"无须赘言,中外学术"互相推助"更是不争的事实。当今世界,知识更新愈加迅猛,文化交往愈加深广。全球化和本土化两极互动,构成了这个时代的文化动脉。一方面,经济的全球化加速了文化上的交往互动;另一方面,文化的民族自觉日益高涨。于是,学术的本土化迫在眉睫。虽说"学问之事,本无中西"(王国维语),但"我们"与"他者"的身份及其知识政治却不容回避。但学术的本土化绝非闭关自守,不但知己,亦要知彼。这套丛书的立意正在这里。

"棱镜"本是物理学上的术语,意指复合光透过"棱镜"便分解成光谱。丛书所以取名《当代学术棱镜译丛》,意在透过所选篇什,折射出国外知识界的历史面貌和当代进展,并反映出选编者的理解和匠心,进而实现"他山之石,可以攻玉"的目标。

本丛书所选书目大抵有两个中心:其一,选目集中在国外学术界新近的发展,尽力揭橥域外学术 20 世纪 90 年代以来的最新趋向和热点问题;其二,不忘拾遗补阙,将一些重要的尚未译成中文的国外学术著述囊括其内。

众人拾柴火焰高。译介学术是一项崇高而又艰苦的事业,我们真诚地希望更多有识之士参与这项事业,使之为中国的现代化和学术本土化作出贡献。

丛书编委会

2000 年秋于南京大学

目　录

导　言

　　"镜子,墙上的镜子,谁是世界上最美丽的女人?"白雪公主童
话故事中的王后问道。① 她询问眼前的这面镜子(Spiegel)②,并从
这面镜子里给予自己答复。当羡慕和妒忌出自自我认知时,它们
就变得愈发折磨人。在古希腊的格言中,人们已经将自我批判的
动机转向到一种道德诉求之中,根据法勒隆的德米特里厄斯所记
载的传说,古希腊七贤之一的毕阿斯曾说:"请你照一下镜子! 当
你看上去美丽时,你也必须做美的事情;当你看上去丑陋时,你就
必须以崇高来抵消这种自然的缺失。"③

　　在我们的时代,雅克·拉康(1901—1981)曾对作为自我认知

---

　　① *Kinder-und Hausmärchen*, *gesammelt durch die Brüder Grimm*,
vollständige Ausgabe, Darmstadt 1955, S. 144.

　　② 译者注:本书中"Spiegel"一词,在作为单个词出现时,主要译为"镜子";而
在作为复合词中的一个成分出现时,主要译为"镜像",如"Spiegelbild"译为"镜像形
象","Spiegelverhältnis"译为"镜像关系"。

　　③ Bruno Snell, *Leben und Meinungen der sieben Weisen*, München 1943,
S. 97.

的这种镜像关系(Spiegelverhältnis)的隐喻式解读,提供了一种发展心理学层面的精确含义:"幼年人类在某个年龄阶段已经在镜子中认出了自己本身的形象,而在该年龄阶段,幼年人类在运动智能上却已被幼年黑猩猩所超越。……这种行为不仅限于,像在猴子那里那样一劳永逸地了解到形象的无效性,而且包括在儿童这里立即引发出一系列动作或表情,借助于此,游戏式的探究通过形象而被意识到的运动和反射出的周边情形之间的联系,以及完全虚拟的复合物和实在性之间的关系,这种存在于它自己的身体,或是人的形象,甚至是处于其周围的客体之中的实在性强化了这一虚拟的复合物。"①通过将这种复制嵌入自己内部的此在状态中,埃利亚斯·卡内蒂(1905—1994)依据丰富的民族学资料,从孩童在镜子前的运动中被训练出的自我模仿现象里推导出**模仿**(*imitatio*)的更高阶段,即变化。②

7 （反映是不同的系统化的对象）* 在这种能够使主体对其自身与世界的中介过程得以客观化的功能之中,反映关系具有一种对所有理论的系统化都有决定意义且持久的表达力。这就解释了这种隐喻在科学和文学惯用语中的牢固性,这种牢固性不会被语义的或思想批判性的毁坏所影响。它可用于**客观的-形而上学的**观点:"宇宙成了一个巨大的镜子剧场,在这里,每个事物映射并指示着

---

① Jacques Lacan, *Das Spiegelstadium als Bildner der Ichfunktion, wie sie uns in der psychoanalytischen Erfahrung erscheint*, in: Schriften 1, Frankfurt/Main 1975, S. 61-70;此处位于第 63 页。

② 参见 Elias Canetti, *Nachahmung und Verstellung*, in: Masse und Macht, Hamburg 1960, S. 424-428。

* 此处为原书页边小标题,统一改为此格式,下同。

所有其他的事物"③;它可用于**主观的-先验的**观点:"由于主观性
并不是以符合概念要求的方式建构起来的,所以仍要参照语言图
像"④;它可用于**辩证的**观点:"反思着的东西与被反思的东西并没
有区别,它们仅仅像观看着的东西与被观看的东西一样,在重复反
思的镜像形象中是一回事,只是在自身内部有所不同。"⑤尽管理
查德·罗蒂认为映射是令人厌恶的,但它仍然是一个根除不掉的
抽象的惯用概念。⑥

　　(对镜像逻辑结构的类别式反思……)镜子是一种日常生活中常
用的工具,因而这种工具似乎并不会提供一种多样的,从而在概念
上毫无关联的隐喻式用法。所以,"镜子"(Spiegel)与"映射"

8

　　③　Umberto Eco, *Über Spiegel und andere Phänomene*, München 1990, S.
15.
　　④　Rolf Konersmann, *Lebendige Spiegel*, Frankfurt/Main 1991, S. 27.
　　⑤　Joachim Schickel, *Spiegelbilder*, Stuttgart 1975, S. 71.
　　⑥　Richard Rorty, *Der Spiegel der Natur*, Frankfurt/Main 1981. 罗蒂打破
反映概念的尝试,被他对西方哲学史中论证典范、思想模式的无知与傲慢所损害。
罗蒂误以为,一个探寻个体与整体关系的本体论问题是以反映概念为基础的,在其
中构造了一个由杂多而得来的杂多之统一的结构,并由此应当为这种合法的,也就
是并非偶然附加而是结构性的、通过构造规则能够被定义的多样性的关联提供一
种解释。对他而言,镜像隐喻是一个单纯的认识论问题,而认识主体性的本体论上
的特殊状况,即对反思的反思,在他看来才是反映理论的真正核心问题,与此同时,
反映理论被错误地歪曲为一种主客体理论。罗蒂所做的这种尝试的结果是,在行
为上清除了个体与世界之间的中介性,并将其缩减为一种适应策略。而他对镜像
模型的批判,既没有严肃地考量这个隐喻的逻辑诉求,也没有合理地考量这个隐喻
的本体论建构性,其部分原因大概是,他认为隐喻算不上精准的概念,而单纯是语
句中的语义辅助工具。关于隐喻可参见 Hans Heinz Holz, *Die Bedeutung von
Metaphern für die Formulierung dialektischer Theoreme*, *Sitzungsberichte der
Leibnizsozietät*, Berlin 2000, Band 39, S. 5 - 31;也可参照 Jörg Zimmer,
Metapher, in: Bibliothek dialektischer Grundbegriffe, Bielefeld² 2003。

（spiegeln），"反映"（widerspiegeln）与"反映"（Widerspiegelung）①已经成了某种陈旧的形象模本，得益于这种形象模本看上去直观易懂的这一映象（Schein），它被迅速引入并且普遍运用于文学与科学的文体之中。但是，映象是具有迷惑性的。如果对镜像关系逻辑结构的严格反思没有进入生动语言的直观易懂中②，并且不企图借助它的话，那么隐喻就会是毫无意义的。只有在这种严格的情况下，"反映"这个词才是一个范畴（Kategorie）。

（……作为模型）在类型的意义上，"反映"可以被称作一种关系，我们说这种关系可能是一种——类似于映射的逻辑结构的——对原初给定物（einem primär Gegebenen）的次级依附物（sekundär Abhängigen）的功能性分配（funktionale Zuordnung）的模型。这种模型在哲学传统中曾被用于一些成对的概念，比如"原型/摹本"（Urbild/Abbild）、"影响/效果"（Wirkendes/Bewirktes）、"存在/思维"。一个模型的任务，在于促进对某个事态的理解③。它不能也不应当以物质的方式来描摹事态，而是要用于解释事态的运作方式、建构方法以及形式确定性。模型都是不能被证实或

---

① 译者注：前一个词"widerspiegeln"为动词，后一个词"Widerspiegelung"则为表示行为结果的名词，即它是前一个词的名词化形式。为了译名上的简洁明了且避免不必要的混乱，后文将使用同样可以作为动词与名词使用的中文词"反映"来翻译这两个德文词。此外，与此情况相似，我们用中文词"映射"来同时翻译"spiegeln"（动词）与"Spiegelung"（动词的名词化形式）。

② 参见 Hans Heinz Holz, *Die Selbstinterpretation des Seins. Formale Untersuchungen zu einer aufschließenden Metapher*, in: *Hegel-Jahrbuch* 1961, 2. Halbband, S. 61 - 124。

③ 参见 Hans Heinz Holz, *Was sind und was leisten metaphysische Modelle?*, in: Shlomo Avineri u. a. , *Fortschritt der Aufklärung*, Köln 1987, S. 165 - 190。

被证伪的，而是在它们的解释力与说明力的丰富收益中证明其解释的有效性。戈特弗里德·威廉·莱布尼茨（1646—1716）曾说，这样一个总是作为一种世界模型的形而上学假说，如果它比其他的假说解释了更多的现象，那么它就是更好的。因此，我们可以询问反映模型提供了什么，以及它在哪些方面是有效的。而反映隐喻在精确的术语运用中指向什么呢？

（反映概念的三个方面）反映说明了三种各不相同，但在渊源与概念上彼此相互关联的事态：1. 依照全部物质的由各种物质实体间交互作用而产生的特性，每个物质实体在其特性与状态的这样或那样的变化之中，都会摹仿或转换其受其他物质实体的影响而产生的那些特殊性[①]；2. 意识内容同其所指的客观事实之间的协调一致，使得现实性根据起因于意识内容的行为控制，可以被有目的地改变，也就是说，在现实中一种符合目的的行为是可能的[②]；3. 被称作"上层建筑"的精神的或制度的复合物，依赖于被称作"基础"的、以社会生产关系为依据的经济-政治秩序，那么依照该基础，如下情况就是可能的，即将各种意识形态和制度的类型以及在某种范围内的分列详情（Spezifität）按类别归入产生它们的各种经济进程与结构之中。[③]

这三种反映概念显然涉及三个不同的本体论层面。第一种概

9

---

①　参见 Todor Pawlow, *Die Widerspiegelungstheorie*, Berlin 1973。

②　参见 Dieter Wittich, *Das Erkennen als Prozeß der Widerspiegelung*, in: ders. u. a. , *Marxistisch-leninistische Erkenntnistheorie*, Berlin 1978, S. 120 - 174。

③　参见 Karl Marx, *Zur Kritik der politischen Ökonomie*, in: *Marx-Engels-Werke*, Band 13, Berlin 1971, S. 8 - 160, 以及 Antonio Gramsci, *Quaderni del carcere*, ed. V. Gerratana, Torino 1975, Bd. Ⅱ, Heft 7, §24, S. 871 - 873。

念在一般的自然辩证法框架下勾画出了一种普遍的世界模型,第二种概念描述的是存在与思维在认识论、人类学以及心理学上的关系,第三种概念对社会存在与社会意识之间的意识形态关系加以命名。在传统哲学系统的分类模式中,反映理论在第一个层面上是形而上学理论,在第二个层面上是作为认识论基础的主观精神理论,而在第三个层面上是客观精神理论,作为这种理论,它为制度的学说及其他的历史的客观化的学说奠定了基础。

10

如果说相比于在某种模糊类似的不确定意义上,即作为一种同态或同构的表达①,反映在术语上的使用应当是更为精确的,那么隐喻的"转义"方式就必须被仔细审查。它涉及的只是一个相关的解释,还是它意味着这种形式确定性也许只能借助镜像隐喻来表达? 无论如何都必须考虑到的是,某个形象的隐喻式运用总是只能被集中于局部的同一性、本质特征以及结构一致性上。② 在这种意义上,反映当然会被理解为**一种精确的**隐喻,而反映理论则恰好被视为一种适用于辩证唯物主义本体论、认识理论,以及奠定历史哲学之基础的确定陈述。

---

① 参见 Alfred Kosing, *Die Erkenntnis der Welt*, in: *Autorenkollektiv, Marxistisch-leninistische Philosophie*, Berlin 1979, S. 138。

② 参见 Hans Heinz Holz, *Dialektik und Widerspiegelung*, 出处同前;参见 Jos Lensink, *Zur theoretischen Struktur der marxistischen Philosophie*, in: Domenico Losurdo/Hans Jörg Sandkühler (Hg.), *Philosophie als Verteidigung des Ganzen der Vernunft*, Köln 1988, S. 15 - 34。

以系统的观点对镜像隐喻
历史作简短说明

镜像隐喻的运用就像人的精神活动一样普遍。任何时候，在所有文化之中，在从日常语言经由隐喻和诗歌直至科学语言和哲学的任何层面上，"映射"（spiegeln）、"反映"（widerspiegeln）、"镜子"、"映射"（Spiegelung）这些词语都在转换了的意义上被使用。镜子除了在前文学时代作为工具的使用功能之外，在宗教仪式功能中也是一种**典型的**象征物（Symbolding）[①]，且由于它的象征功能而产生了概念结构。然而，一段概念的历史往往是由于证据欠缺完备性而被扼杀的。此外，对隐喻的这种无处不在又不精确的运用，使人们很难将它归入某个准确的术语内容之中，这种状况尤其易发生在当它被用于描述某种**概念性的**关系的时候。

因此重要的是，从这个术语在其中以反思性的方式被使用的

11

---

① 译者注："Symbol"可以理解为"象征""符号"，基于本书的文意，将其统一译为"象征"；而"Zeichen"则统一译为"符号"。

那些上下文出发来澄清这个术语。由此表明,这不仅仅是言语上的并因而已经是概念上的"加工",情况是,它也是对造型艺术中映射关系的直接描述。概念历史是一条"打结的绳索"①,概念结构得以发展的推动力能够在它的绳结处被固定下来。在接下来对镜像隐喻使用状况的简要说明中,这些结点应当在对哲学体系的形成有着根本性作用的关系建构中被指明。这些关系包括如同上帝/世界、整体/个体、存在/意识一样的各种关系,但也包括生产方式/组织形式、需求/价值或者自然形式/艺术形式这样的各种关系。当然,这里每种映射关系的类别差异还需要依据各自的不同情况给出区域性的本体论澄清。

(象征物作为象征概念:以中国为例)在文明的早期,镜子作为**象征概念**的运用就在于它作为象征**物**的用法之中,也就是说,它的隐喻性的用法被包含其中。在中国古代流传着许多有宗教性质的镜子(Kultspiegel),它们既被用于礼仪性的、宗教的行为中,也曾被指定为殉葬品或寺庙中的挂件。至于它们的含义,则由装饰在镜子背面、内涵丰富的纹饰艺术来表达。这种所谓的 **LVT-模式**(🜨)是富有启发性的:在圆形镜子的背面中间,可以发现一个由 T 形的臂状物构成的十字形,一个处于中间并呈中心对称的古老的地球符号。在圆镜的边缘我们发现了呈放射状的以均匀距离交替出现的四个 L 形和 V 形的图形。V 形的符号暗示着四个世

---

① 参见 Georg Wilhelm Friedrich Hegel, *Wissenschaft der Logik*, in: *Gesammelte Werke*, Band 11, Hamburg 1978, B. Knotenlinien von Massverhältnissen, S. 435-442; bes. die Anmerkung.

界区域,直角的 L 暗示着一种运动的动机,它使我们想起熟悉的日轮的形状,同时也可能暗示着围绕被视为中心的地球所进行的太阳运动。在这种交互组合中,这些有着花纹装饰的各种记号描绘了一个广泛的象征世界,包括地球与天穹、世界周边与中心、运动与静止、紧张与平衡。这显然意味着世界的整体性,即将多汇聚于一之中。正如伊曼努尔·康德(1724—1804)在他的论文《论空间方位区分的最初根据》中所分析的那样,地球**中心**与世界**周边**在方位上的次序是对直接的空间经验的符号式表述。① 对太阳运动的动机的添加则唤起了时间(白天的各时间段、一年中的季节)以及世界运行的、宇宙的自然法则,而人的行为必须依照普遍的和谐原则与宇宙相符合。那些暗示符号的世界符合镜子的功能。因为在镜子中,多被收纳在**一个**形象之中,而这个形象以虚拟的方式展现着空间,并且就是由空间存在者真实地攫取而来的摹本。世界作为这样一种整体,许多统一体在它之中是被中介和被联结起来的,同时它的变化也受到严格秩序的影响——这就是象征的含义,在其中,这种宗教-崇拜的目的与一种世俗-形而上学的含义是相通的。

在中国的象征词语②中,"镜子"(鉴)的符号是与"通透/全部"(通)的符号联系在一起的,并以此将有着宗教性质的镜子所运用的象征手法以术语的方式延续了下来。就像这种隐喻在欧洲也会

①　Immanuel Kant, *Von dem ersten Grunde des Unterschieds der Gegenden im Raume*, Königsberg 1768.

②　此外参见 Joachim Schickel, *In Emblemen denken, sprechen und dichten*, in: *Große Mauer Große Methode. Annäherung an China*, Stuttgart 1968, S. 133-149。

作为书名出现一样——例如"萨克森明镜""愚人镜"或者是百科全
书式且有明确针对性的"镜子世界"（speculum mundi）（世界之
镜）——中国作家的许多作品也是如此。最有名的例子就是 1804
年①的《资治通鉴》，这是一部供帝王思考历朝历代丰富的经验教
训的著作。这个名字是由皇帝自己选择的。中国古代的诗人哲学
家朱熹（1130—1200）撰写了**一个全面的镜子所具有的基本特征**
（《通鉴纲目》）——其中的类概念**纲-鉴**（编年史）所具有的含义与
映射的**主线**一样多。

13　　　　人们把镜子解释为"知识欲的象征"②——这在我看来是一个
过于狭隘的解释，因为这种解释只注意到了认识关系的主体方面。
与此相反，约阿希姆·施克尔（1924—2002）阐明了伟大的辩证哲
学家墨翟（约公元前 470—公元前 390）的观点，在墨翟看来，光和
镜子就像知识一样被当作媒介，一个对象的外貌或形象就**在其中**
显现，因此，镜子已经作为隐喻而被用于"认知中的东西与已经知
道的东西之间辩证的**自我**区分"，且用于"统一与杂多的思辨统一"
之中。③ 按照墨翟的想法，"知识（Wissen）就是人们通过它才能了
解事物的那个东西；知道得如此确切就如同经历了一场明悟（＝变
得明亮）一样……。知识：所谓知识，就是当人们与各种事物相遇

---

　　① 译者注：《资治通鉴》成书于 1084 年，此处的"1804 年"可能系作者笔误或
与作者本人使用的译本出版年份相关。

　　② Hermann Köster, *Symbolik des chinesischen Universismus*, Stuttgart
1958, passim.

　　③ Joachim Schickel, *Mo Ti. Der Spiegel und das Licht*, in: *Große Mauer
Große Methode*, 出处同前，第 300—310 页；此处为第 309 页。

时,如同是观看一样来比较它们的形态"①。认识是被认识者置身于其中的普遍的相互联系所证实的,而在这种认识中能知的东西被认识者所接受。

在中国,涉及绝对(das Absolute)的思辨哲学的基本概念就是**道**。长久以来,人们在对宗教哲学启发下的欧洲哲学史书写(以及翻译实践)的追随中,忽视了这个概念所具有的反思理论的内容。但在《道德经》第 25 章的最后一行中,**道**的思想运动以某种方式被描述,我们可以用黑格尔术语中的"建立的反思、外在的反思、进行规定的反思"对这种方式进行转换,就是:"**道**遵循着作用于自身的法则。"②对该章的一种准确分析表明,**道**-思维的结构可以被描述为绝对在它自己的最终规定中的映射。③ 如此,神话式的象征内容就被澄清为哲学的语言。

在象征的神话式运用中,它的纯粹世俗的内容就已经显露出来了。镜子充当了对非直观的世界整体,也是对由整体建构的内在世界规律性的直观形象。这种象征身份完全处于经历着的主体的范围之外,作为一种陌生的现实,在象征中显现,即在象征中变得可理解。

作为"已沉沦的文化财产",镜子进入了魔法的领域。"根据民间迷信,如果镜子被恰当地放置,它就能让人看到幽灵,而且直到

14

---

① Alfred Forke, *Werke des Mo Ti*, Berlin 1922, S. 414.(译者注:此处原文应出自《墨子·经说上》,"知也者,所以知也,而必知,若明……知:知也者,以其知过物而能貌之,若见"。)

② 译者注:此处引用的应是《道德经》第 25 章最后一句话"道法自然"。

③ 此外参见 Hans Heinz Holz, *Dao-Zur dialektischen Struktur eines Begriffs*, in: *China im Kulturvergleich*, Köln 1994, S. 59 - 79。

今天还流传着其背面显现奇异图样的所谓魔镜的传言。一段古老的文本中记载着,如果太阳照耀在这面镜子上,人们就能从镜子中看到花朵,而在月光下则会从中看到一只兔子。……佛教僧侣使用镜子是为了向信众指明,他们将以怎样的形象重生。如果一个人向里面看去却看不到自己的脸,那就预示着他死期将至了①……所以正如完好的镜子象征着婚姻幸福一样,一面破碎的镜子则预示着分离以及多次离婚。在很多小说中,必须与妻子分离很长时间的那个男人会打碎一面镜子,然后双方分别保留镜子的一部分。如果分离要持续很久,以至于夫妻可能无法彼此相认的话,那么各自保存的那部分镜子就是一个约好的识别记号。"②

（从神话到模仿）象征的使用总是与认识的方式有关。认识是在自己的意识中对外部的、对其他事物的重复;仿佛是对事物的一种加倍,将同一事物以双重方式呈现出来,而且与事物自身有所区别。辩证法理论将为此产生有关同一性与非同一性之间的同一性的表达形式,或者说自我区分的范畴。重复是模仿,而魔法的实施是具有模仿性的。在古埃及的死亡祭祀中,镜子成了生命在其中得以重现的媒介的象征,也就是说,生命在死亡的国度中得以修复更新。③"生命重复"的表达形式能从用作殉葬品的雕像上找到。

15 这种镜子与掌管青春、爱情及生命的女神哈托尔(作为镜子把手)

---

① 译者注:此处指的应是晋时殷仲文的典故,见《晋书·殷仲文传》。

② Wolfram Eberhard, *Stichwort ›Spiegel‹*, in: *Lexikon chinesischer Symbole*, Köln 1983, S. 271 und 272.

③ 参见 Christa Müller, *Stichwort ›Spiegel‹*, in: Wolfgang Helck/Eberhard Otto: *Lexikon der Ägyptologie*, Wiesbaden 1984, Band V, Sp. 1147 - 1150。

之间的结合所指向的是同一个神话-魔法的关系领域。①

在古希腊时期,对反映的理解最初是处于整个宗教-表现的领域之中的,这个领域也是一个对以神话的方式预先给定并确立为典型的现实性进行虚拟效仿的领域。与中国不同,这里的这种象征手法最初并没有认识论和形而上学的含义,而是一开始就具有实践-仪式性的含义。在希腊,对反映的理解表现在模仿的宗教性特征之中,并且与戏剧诗歌和戏剧表演的实践紧密结合。

这种模仿性的过程意味着在感官上对某物进行在场性还原,并且该物并非间接地被给予,也不能自我展现或者摆脱日常的知觉。在原始含义中,模仿被称作**在感官形式上对缺席者所进行的在场性还原**。② 在这点上它和映射有着本质的区别,映射是与在镜子中正显现着的那个处于镜子之外的客体的在场紧密相关的。但是,映射的整体与模仿的整体所涉及的内在关联是共同的。正如镜子在原则上是要描摹出一切面对着它的事物那样,对某种给定物或者行动的模仿也是想要呈现出某个存在或事件的全体。

对涉及某种行为或者某个原型($\tilde{\epsilon}\iota\delta o\varsigma$, eidos, 范本, simulacrum)的模仿问题的记述,在作为摹本关系的反映关系中呈现出某种二元关系的张力。在对这种关系的分析中必须认识到的是,摹本方面是以注视着镜子并知觉到了镜中形象的那个主体为中介的,从而导致了主体-客体关系以反向对称的方式将原型-摹本关系置于第二层面,也就是建构层面上。对反思过程比较敏锐的奥维德(公

---

① 参见 Ägyptisches Museum Kairo, Cat. génér. Nr. 52663。
② 有关这语词含义也可参见本书第 65 个脚注。(译者注:在原书第 32 页。)

元前 43—公元 17），就从接受的层面表达了摹本关系中的这种主体性：荷马在《伊利亚特》的第 18 章中曾描写阿喀琉斯之盾，这面盾牌客观地描绘了世界①，在主观上却能够放弃对所指物的认识。阿喀琉斯死后，在争夺他的武器时，奥维德让奥德修斯在反对大埃阿斯时说道："他并不知道要如何解释盾牌上崇高的形象……他想要拥有永远都不会为他所理解的武器。"②一个摹本并不是简单的在那里，它必须作为这样的东西并在它自身的含义上被理解。

　　由此，从摹本关系的中心产生了反身性问题，因而也产生了真正的反映问题。在人的类的历史中，拉康所描述的那种个体历史的发展过程可以被重新找到。镜像的经验成了"象征性的母体，而自我（das Ich）在和他者相认同的辩证法中到客观化之前，这个自我就已经依托这种象征性的母体以一种源始的形式凝聚出来了"。③古希腊诗歌用纳西索斯的神话描绘了这种反思过程的诞生。奥维德已经塑造出了这种解释。④

　　（关于纳西索斯的神话：奥维德）这个古老的故事是有关漂亮男孩纳西索斯的，他在清澈的水中看到自己的倒影，爱上了自己并最终由于陷入绝望而死去，因为他不能与水中的自己结合，只要他靠得

---

　　① 关于阿喀琉斯之盾，参见 Thomas Metscher in: Hans Heinz Holz/Thomas Metscher, *Stichwort ›Widerspiegelung‹*，出处同前；还有 Thomas Metscher, *Shakespeares Spiegel. Zur marxistischen Auffassung der Künste*，in: Domenico Losurdo/Hans Jörg Sandkühler（Hg.），*Philosophie als Verteidigung des Ganzen der Vernunft*，出处同前，第 45—62 页；特别是第 56 页及下页。

　　② Publius Ovidius Naso, *Metamorphosen XIII*, 29.

　　③ Jacques Lacan, *Das Spiegelstadium als Bildner der Ichfunktion* […]，出处同前，第 64 页。

　　④ 参见 Joachim Schickel, *Ovid. Die Sinnlichkeit des Spiegels*，in: *Spiegelbilder*，出处同前，第 31—43 页。

太近或是浸入其中，他的形象就消失了。卡尔·克伦尼（1897—1973）通过无数面貌相似的故事题材构建起了这种相互关联，这些故事题材交织在有关阿波罗的神话中①，且与在世界范围内普遍流传的孪生神②这种惯用类型相近，而在这种相互关联之中，差异的统一与统一在差异之中的彼此割裂则以形象化的方式被理解。

在《象征伦理学》③中，对于纳西索斯-神话（以及通常所说的相貌相似者和孪生者的神话）的各种解释被列举了出来：自恋，纯粹形式上的虚荣（Eitelkeit），自我认知，不恰当的爱的终结，少年时代的美化。这是出自一个对神话感兴趣的年代④的一种后期解释，然而这种解释可以追溯到古希腊以及古希腊晚期的诠释与托寓的传统。

奥维德以双重的方式就纳西索斯-主题的镜像结构给出了一种独特的说法：他在自恋的与自我认知的寓言中引入了一个相反的事件，也就是之前既没有一致说法，也没有什么特别的噱头而在神话中流传下来的有关仙女艾寇（Echo）的变化的事，艾寇——在一种说法中，艾寇是因为自己诡计多端的闲话而被朱诺惩罚，在另一种说法中，艾寇得到了保护，从而免受潘神的纠缠——被变成了一个没有形体的声音，而且这个声音只能重复她所听到的句子的末尾几个音节。如此，艾寇在奥维德看来就成了声音学意义上的

———————

　　① 参见 Karl Kerényi, *Die Mythologie der Griechen*, Darmstadt 1956, S. 170。

　　② 关于孪生神，参见 Margarete Riemschneider, *Augengott und Heilige Hochzeit*, Leipzig 1953。

　　③ Michael Pexenfelder, *Ethica symbolica*, München 1675, S. 90 – 95。

　　④ 参见 Benjamin Hederich, *Gründliches mythologisches Lexicon*, I, Leipzig 1770, Spalte 1686 – 1688。

镜子,成了一种镜像错觉的范例。他在《变形记》中写道:"Tamen haec in fine loquendi/Ingeminat voces audiatque verba reportat"[话语终了之时,她重复最后几个音节①,并原样奉还她所听到的言语(Ⅲ,368f.)]。

在对纳西索斯——作为艾寇的其他性别的另一个我(Alter Ego),在此使人联想起了相貌相似者所具有的雌雄同体的特征——的热恋中,艾寇暗中跟随着纳西索斯,并尽己所能地回应着他的呼声,"出来吧!"纳西索斯对着假想的追求者大喊,艾寇空洞地回复道:"出来吧!"——并且向着诉求传来的方向——当她呼唤那个呼喊着的人时,她便得以返回自身:"vocat ill avocantem"[那个人呼唤那个呼喊着的人(Ⅲ,382)]。"huc coeamus!"(让我们在一起吧!)纳西索斯喊道,艾寇重复着:"coeamus!"而 coire 的双重含义,"在一起"和"同眠",加强了这种错觉。反观,同样的东西变成了另外一个东西,而且在原文中也是同样的。当纳西索斯看到从灌木丛中走向他的艾寇时,他拒绝道:"Ante, ait, moriar, quam sit tibi copia nostri"[我宁愿死,也不要把自己献给你(Ⅲ,391)]。然而,艾寇只复述了这句话的下半句:"我要把自己献给你"(Ⅲ,392);通过省略前置句的方式,艾寇颠倒了语句原本的含义。

奥维德所展示的,是语义层面的镜像假象(Spiegelscheins)的产生,也就是语词**含义**的颠倒。同样的语词指向相反的语词含义。在"出来吧"所处的不同的位置标记中,显现出了这里(Hier)与现在(Jetzt)的一种辩证法,对此,黑格尔在《精神现象学》中提道:"**这**

18

---

① 译者注:德文原文直译为"她将最后几个音节构造为孪生者(Zwillingen)"。

里,比如是棵树。我转过身来,那么这个真就消失了,并且颠倒为相反的情形:**这里不是一棵树**,相反地其实是一座**房子**。这个**这里**自身并没有消失;而且,在房子、树木等其他东西的消失之中,它**是**保持不变的,这在是房子、是树木的情况下也是同等有效的。"①艾寇-现象的艺术形象所展现的是,感官给定物的明显确定性突变为其自身的对立面,即彻底的错觉。真相与错觉是同一种关系的要素,并且只有当这种关系被理解为辩证的反思形式,也就是一个被另一个理解为它的至关重要的对立面时,它们才会被理清。

纳西索斯使他的镜像经验达到了一个更高的层面。同一个东西不再是分成两个对立面,而是同一个东西既作为实在又作为形象。而假象就在于把形象视为实在,但这种假象恰恰暗示出了模棱两可性,因为我们在镜子中看到了事物自身。镜像假象并不是简单的错觉,不是幻影,而是现实物的幻想的显象。

纳西索斯把自己视为对象,视为一个他者,并且他还不把这个第一眼看到的对象认作自己本身。如此,这种镜像式的左右翻转的变化就建立在了一个新的层面上:"Cunctaque miratur, quibus est mirabilis ipse"[他赞赏一切使得他自己值得赞赏的东西(Ⅲ,424)]。主动态与被动态交错转换,这些动词语态变成了对映射的表达:"dumque petit, petitur"[当他追求时,他被追求(Ⅲ,426)]。这确实可能是恋人之间的关系,当双方是**一种**意识的时候,这种关系就只能回到自我意识那里;当双方是两种意识时,双方就没有一

19

———————

① Georg Wilhelm Friedrich Hegel, *Phänomenologie des Geistes*, in: *Gesammelte Werke*, Band 9, Hamburg 1980, S. 65.

个人能够是**确信的**,即另一个人是否**真的**怀有**同样的爱**,以及是否能用信任来代替认知。

将镜像形象与实在相混淆是有可能的,因为镜像形象的此在与实在——双重的,映射物的实在和镜子的实在——必然同时联结在一起。"Quod amas avertere, perdes. / Ista repercussae, quam cernis, imagines umbra est. / Nil habet ista sui; tecum venitque, manetque, / Tecum discedet [⋯]."[你在转身后反而毁掉了你所爱的东西。你看到的这个反照着(widerscheinenden)形象的影子在其自身而言没有一点东西;它随你一起来,伴你停留,随你消失。(Ⅲ, 433ff.)]当我活动自身时,这个形象的活动使我认识到,我作为显象而言是加倍的。如此,认识的瞬间来临了,这是自我认识的瞬间:"Iste ego sum! Sensi, nec me mea fallit imago"[这就是我自己! 我发觉,我的形象不再使我迷惑了(Ⅲ, 363)]。而且,在身体上我不是我对面的那个人;我不能作为对象触及我的身体:"O utinam a nostro secedere corpore possem!"[但愿我能脱离我的身体! (Ⅲ, 467)]但是,反思必须**经受**碎裂为二、外化以及彼此不和。镜像关系的核心是,我在他者中认识到我自己,但仍然**进一步**认识到它是一个他者。只有在这种差异的概念中,假象才失去它的欺骗性,并成为事物自身的显象。镜子包含着并向我们展示了它的本质的认识原则:它是自在的自我关系,而且对于我们而言,它是自我关系的媒介物。

纳西索斯由于被感官所迷惑,错失了这种观念并因而毁掉了他自己。"Nunc duo concordes anima moriemur in una / [⋯] / nec corpus remanet, quondam quod amaverat Echo."[现在我们两个共

同在一个灵魂中死去,而艾寇曾爱过的那具身体也没有保留下来。(Ⅲ,473,493)]自身与世界之间并不存在**神秘的联合**,而只存在这一个与他者之间的辩证法——"这一个作为它自身也正像其作为诸多他者一样,与自己本身相关联也正像彼此相关联一样"。[①] 奥维德最后的语词又是**艾寇**,由此他开始谈到:这迷惑人的镜像假象的含义。

反映结构能够以一种短故事的直观形式来解释清楚,这并不是偶然的。"反映"范畴是一个隐喻性的范畴,这在前面已经说过,而我们仍要分析隐喻用法的精确性。一个隐喻的感性内容当然也总是能在感性表现中得到详细说明。其他的镜像题材,例如赫拉克勒斯和美杜莎或是委拉斯凯兹的《镜中的维纳斯》,都以各自的方式去关注反身关系的多个方面。而纳西索斯可能是最具有哲学性的解释,因为这种解释是以本真性和对象化、自我认识和异化、直接性的假象和中介性的真等内容之间的交错,以及由此产生的经验内容的歧义性为主题,且把这种结构作为一件发生的事情来阐述。

(一与他者:柏拉图)纳西索斯-题材在柏拉图(公元前 428—公元前 348)那里就已经显露出来了,他把爱与成为被爱的这种彼此翻转理解为一种镜像关系,并且像奥维德一样用回声(dem Echo)将这种彼此翻转集合起来。"就像风或声音一样,从平滑而且结实的身体反弹,又被驱赶回它的出发地那里,美的情波重又回到美少年之中。……虽然他现在爱着,但爱的是谁,对他而言则是不清楚

① Platon, *Parmenides* 166 c 3.

的,但他在爱着的人身上就如同在一面镜子上一样看到了自己本身,那个人对他而言是隐匿的。"①

在更广泛的意义上,显象在镜子思维的关联中可以被贬低为单纯的影像,柏拉图在著名的洞穴比喻②中就是这么做的。影像与镜像形象在存在上和逻辑上一定是有些不同的,而一种对现象的规范研究必须对这两个隐喻进行适当的区分。就影像作为"Φλυαρίαι"(phlyariai)、作为无用的材料(515 d 2)而言,是不能被直接用于镜像形象的,然而柏拉图自己把形象的诸多种类——影子(σκιάι,skiai),在水中以及在更紧密、更平滑且更有光泽的物体表面上的倒映③——都等同了起来,并以同样的方式维护他的映象本体论。对他而言,映射和影子一样都不是真实存在的可靠证明。

当然,柏拉图的构想是两面的。他在研究辩证法结构的晚期著作中,为表述的摹本性保留了存在权。因为正如感官的经验世界所展现的那样,这个世界本身就是一个在造物主的精神中被发现的存在者的秩序的摹本,与此同时,我们用形象化的话语给出了一个摹本的摹本;并且这被称为一种"完全可以接受的"处理方式。④ 在晚期柏拉图的本体论辩证法的核心部分《智者篇》中——在修正《国家篇》的见解中——存在与非存在于形象中,尤其是于

---

① Platon, *Phaidros* 255 c - d.

② 参见 Platon, *Politeia* 514 ff. 。

③ 参见 Platon, *Politeia* 514 ff. ,509 d - 510 a:"但是要是你理解的话,我是先把形象称为影子,然后是水中的显象和所有感觉到紧密的、平滑的且有光泽的表面之上的显象,以及所有相似的东西。"

④ Platon, *Timaios* 29 d.

镜像中的交织被更详细地阐明。在文中泰阿泰德曾说,一个形象是与一个真实事物相似的、被制造出的他者,疑惑的陌生人回应道:"但一定不是真的。"对此泰阿泰德呼喊道:"当然不是,但形象确实是它!"由此陌生人得出结论:"尽管不是本就如此的也不是现实的,但它确实就是一个我们所谓的存在者形象。"①伯恩哈德·施韦策令人信服地强调,在摹本(εἴκον, *eikon*)和原型(παράδειγμα, *paradeigma*)之间允许设置一种类比,而在这一类比中描摹行为获得其可能性的标准。②

　　这听起来与《国家篇》中有所不同,《国家篇》里的摹本都被归为错觉。柏拉图在过渡到晚期时已经改变有关真的认识的概念了吗?无疑,由于对哲学家王国的政治实现在叙拉古落空,柏拉图的作品中出现了一定程度的裂痕。否定(非存在,他者)得到了先前被否认或忽视的本体论上的地位。但鉴于纯理性的认识与感性认识之间的关系,我不愿意接受任何断裂的说法。真,在严格的意义上说,只适合概念而不是对象的形象,但是有些概念内容只有在形象化的话语中才能够被对象化。为了也能够给显象作为存在者的宣告提供基础,柏拉图在进行本体论反思时,尝试找出一条路径。在《国家篇》中他已经描述了,正确的政治制度的草案所依照的,是画家根据自己内心直觉到的一个理念构造绘画的模式。③ 随后,他在《蒂迈欧篇》中规定了真的、持久的存在,在变化的形象中所显

22

---

①　Platon, *Sophistes*, 240 a – c.

②　参见 Bernhard Schweitzer, *Zur Kunst der Antike*, Tübingen 1963.

③　参见 Platon, *Politeia* 500 e – 501 c.

现的位置(χώρα, chora),而且,他用镜像的结构特征来描述这个位置。[①]

(亚里士多德)亚里士多德(公元前 384—公元前 322)将模仿-理论从柏拉图理念学说的形而上学包袱中解放了出来。对亚里士多德而言,模仿是对现实世界的存在者及其诸多关系的重演。他超越柏拉图的重要一步在于,他认为不仅受历史的影响而改变的现实事物,还有那些根据可能性的限度被反映的可能事物,都属于模仿的对象领域。真之内涵不在于事实的正确性,而在于逻辑的必然性或假设的形象化的规范性。在柏拉图那里基于一种**外在**区别而产生的模仿的意识与所对立的现实之间的差别,摹本(εἰκον, eikon)与真实存在(ὄντως ὄν, ontos on)之间的差别,在亚里士多德那里被缩小了。形象和存在也就能够被理解为**内部**区别。

(中世纪时期原型与摹本的关系)对原型与摹本的归类实现了中世纪时期对类比关系讨论的完善。意识本身与世界的这种非中介的、彼此分离的存在,对意识来说已经不再足够了。**被**思维**意识到**的是,思维再造世界,思维描摹世界——即使只是在向思维吐露了原则上超越其经验对象的这种象征之中。这种人-世界的关系现在被理解为中介了的关系,而这种彼此分离的存在者之间的二元性被解释为不同事物的统一性。在宗教经验与哲学沉思又转回主体性时,这个问题就变得急迫起来,即如何理解人"在自身中接受"世界,如何理解他使得相对于他而言的外在物成为他的内在物。

(顺便说明:黑格尔)格奥尔格·威廉·弗里德里希·黑格尔

---

① 参见 Platon, *Timaios* 50 d ff. 。

（1770—1831）已经在被构造出的主体性立场上使这种关系成为由显象到现实的过渡领域——虽然是在相反的方向上，不是从外部走向内部，而是从内部走向外部。① 内在物是"反身的直接性"或"本质"，就像形象在镜子中是直接的，也就是以作为事物自身的方式而被反射、被感知。从"在内部"被映射的形象到"外部的"映射物的过渡之中，它们证实自身是同一个东西。"内在物被规定为反身的直接性或本质的形式，与之相反，外在物被规定为存在的形式；但两者都只是一种同一性。根据这种规定，外在物不仅在内容上与内在物是**相同的**，而且两者只是**一个事物**。"②在黑格尔这里，这种概念的本体论的优先性使"思想物"，也就是本质显现为本真物和原初物，而这是对镜像-对称性的唯心主义的解读："这些自为的反思规定，内在物作为自身中的反思（Reflexion-in-sich）的、本质性的形式，而外在物则作为在他者中被反思的直接性的或非本质性的形式。"③但这种从内部到外部的解读与相反的、唯物主义的解读一样是单方面的："如此某物只有先是内在物，才因此正是一个外在物。或者相反的，某物只有是一个外在物，才因此正是一个内在物。……外在物和内在物是这样建立规定性的，这两种规定中的任一规定不仅以另一个规定为前提并作为另一方的真逐渐过渡为另一方，而且就它是另一方的真而言，它仍然作为建立起来的规定性并指向两者的整体。"④这些单方面的解读将在一种辩证的

---

① 参见 Georg Wilhelm Friedrich Hegel, *Das Verhältnis des Aeussern und Innern*, in: *Wissenschaft der Logik*, Band 11, 出处同前，第 364—366 页。

② 同上，第 365 页。

③ 同上。

④ 同上，第 366 页。

解读中被扬弃,这种辩证的解读将它们置于一种彼此间的必然且无法解除的关系之中。

镜像隐喻就十分适于说明这个问题的情况,而且它事实上也总是被反复地置于这种关联之中。这种"双面性"[①]的精心构造在中世纪基督教及伊斯兰教的思辨形而上学中获得了一种核心位置。镜像隐喻的两个方面,分别代表存在者整体和人类的认识,相互渗透,相互翻转并融合成一个在自身中相互矛盾的概念。

所以,伊本·西纳(Ibn Sina)[阿维森纳(Avicenna);980—1037]在他的《东方哲学》中描述了能够上升到上帝的这种认识的阶梯路径——在此,上帝和世界,在对未来发展的预先认识之中,已在很大程度上相互渗透了——而且他使这种认识达到了顶峰,当"人获得了这种认识时,秘密就等同于一面被抛了光的镜子,而这面镜子就被设置在真这一面的对面"[②]。因此,世界连同它的上帝在人之中被接受,而人同样也全部地进入世界与上帝之中。我们在埃克哈特大师(约 1260—1328)那里找到了一种对认识路径的类似解释,这条认识路径最终引致上帝在灵魂中的诞生,他以相同的方式描述知觉形象在灵魂中的接受,就像虽然镜像象征没有明确地出现,人们却能够描绘出映射过程一样:"在理性的工作中发生着一种由外部事物走向灵魂的运动,经过这种运动,同一个事

---

① 参见 Helmuth Plessner, *Die Stufen des Organischen und der Mensch*, in: *Gesammelte Schriften*, Band Ⅳ, Frankfurt/Main 1981, S. 127 - 156。

② 依照 Ibn Tofail, *Der Naturmensch*, Berlin 1783。

物形象被印入灵魂中并在灵魂中被塑造出来。"①

对于神学的形而上学来说,上帝的认识是对世界整体的思辨认识。所以阿拉伯的数学家和哲学家阿尔-肯迪(al-Kindi)[阿尔肯迪(Alkendi);800—约870]把世界同一排各自相互反射直至无穷尽的镜子房间进行比较。在此,整体-世界的特征被强调出来:镜像-形象作为所有存在者的无限且相互关联着的表象形象,同时也强调主体立场,就这点而言,认识着的人必须每次都在一系列的镜子大厅中占据一个极好的位置,才能在被映射物中一再遇见自己。考虑到这种主体-客体关系(das Subjekt-Objekt-Verhältnis),这个隐喻就是自相矛盾的。一方面它表示着外部世界进入意识中,另一方面它表示着在所有事物之中对所有事物的全面的反思。所以,这个隐喻可以代表每一种"精神物",在其中世界"聚集"起来,在其中世界被理解并被描摹出来,因此是对认识中的多的统一的表达。但这个隐喻也可以代表被理解为物质统一性的世界自身的普遍外在关联,所以就像在镜子中的多就是一。两种用法经常同时发生并且交错渗透。

在这种双重的意义功能中,一方面描述的是对一个总体从多样到统一的概述,另一方面描述的是对一个对立着的事物的认识,镜像既成了对世界的隐喻,也成了对主体存在的隐喻。这两个方面都被置于镜像形象(Spiegelbild)的形象特征之中。一种被分散的多样性的统一性,以及在**各部分相互外在**(*partes extra partes*)

① *Meister Eckhart*, hg. von Franz Pfeiffer, Göttingen 1914, S. 214;参照 Ernst von Bracken, *Die Beziehung der Erkenntnislehre des Aristotels zu M. Eckhart*, in: *Meister Eckhart und Fichte*, Würzburg 1943, S. 251 - 260。

的世界中的存在者的外延性,就如同经院哲学家所说的那样,都作为形象而显现出来,就像人们能够轻易地指出自然风景与风景画之间的对比一样。但形象的构造是一个意识过程。世界结构通过认识结构而被中介。可以说,作为组织要素,描摹者(Abbildenden)的视角进入了摹本之中,但只有这样,被描摹物才能被对象化地处于前面并被当作前提。而这就是镜像隐喻要说明的。

在中世纪的哲学与神学中,由隐喻的双重用法引出了一种从反思的双重含义中产生的歧义性。一方面,世界的确在各自的主体状况中被反射出来;但另一方面,世界自身的统一性被理解为世界各部分的交互反身的整体,以至于每一个个体都被反身的总体所决定,然而自身又反作用于所有其他映射自身的个体。镜像隐喻的这种双重可解释性——主体是世界的一面镜子;多样的世界是一个对应着某一种存在基础(Seinsgrund)的镜像系统——在中世纪哲学中导致了相互矛盾的应用:不仅上帝被称作世界的一面镜子,而且世界也被称作上帝的一面镜子。

(上帝与世界:托马斯·冯·阿奎那)托马斯·冯·阿奎那(1225—1274)深入研究了这个难题。[①] 他说,人们把在其中表现出一个其他事物的东西称作一面镜子。"有些人这样说,神的精神自身就是一面镜子,而且在它之中反映出了事物的存在基础。"在此,世界被绝对地规定了,而上帝成了全知者,就像世界的一面镜子一样面对世界的全识者。这意味着隐喻的认识论方面,却立即

---

① Thomas von Aquino, *Schauen die Propheten im Spiegel der Ewigkeit?*, in: *Quæstiones disputatae de veritate*, Band Ⅰ, übers. von Edith Stein, Freiburg, Leuven 1952, S. 312 - 315. 接下来的引语也出自这里。

导致了它的否定。因为托马斯接下来继续指出,只有事物的形象在其中能够被事物自身所引起的这种东西,才能被称作一面镜子。但是,这种东西——在其中各事物的种(Spezies)先于这些事物——更确切地说,是一种内形象(exemplar):"因为在上帝之中,事物的种或者存在基础已不被看成是出于创造物的,人们在圣徒那里从未发现上帝是事物的一面镜子这样的说法,更确切的说法应当是,被创造的事物自身是上帝的一面镜子⋯⋯"只要人们偏重于有神论的或唯心论的世界解释立场,那么总体上充当着世界的内形象的这种隐喻的本体论功能,就必然将提供世界摹本的单纯认识的(gnoseologisch)功能排除在外。只有隐喻自身排除中世纪的世界形象的根基,隐喻使用中的统一性才会在辩证唯物主义的意义上确立起来。

当托马斯在镜像隐喻的神学使用中接纳了这个疑难并尝试去澄清它时,这种宗教象征的世俗化开端就已经在他那里出现了。如果因为镜像关系现在被如此解释,即每一个个体物都是上帝的一面镜子,那么上帝就会因此显得像是被完全置入了世界并成了尘世的:他是这样的,如同他在事物中描摹了自身。因为这确实刚好是镜像形象的标志,即它"根据自己的种"(secundum rationem suae speciei)来表达它的原型。当上帝就这样被诸多个别事物,而且是被凭借各自的显象并在各自的显象之中的个别事物所反映时,这就意味着,上帝自身能够借助世俗的规定而被掌握。因为镜像形象的概念规定在托马斯那里的原文如下:"相似性属于形象理念;然而不是每个任意的相似性都能够表明自己可以充分地满足形象的理念,而是一种十分明确的相似性,通过它某物可以被符合于该物的种的内容所描述。"①但是,这种开端随后必然会导致泛神论的推断,即作为上帝的镜子的各种事物根据这个事物的种来描摹该事物,但这就是说,上帝自身可能只不过是世俗事物的总体(Inbegriff)。但是,如果上帝自身被理解为世界的一面镜子,那么物质世界就要排在它前面,同时它也就不过是一个为世界提供结构和内涵的统一性的概念。② 一种在神学上受限制的哲学是无法走出这一步的——更加值得注意的是,这种哲学也没有放弃对镜像隐喻的使用。

（作为内-存在的映射:尼古拉·库萨）其实,隐喻在尼古拉·库萨(1401—1464)那里获得了更进一步的含义。他在谈论上帝时说,上帝是"一面活生生的、永恒的镜子,也就是所有被造物的外形"。此外还有:"要是有人看向这面镜子,那么他就在这个被造物的外形中,也就是在镜子中看到了他自己的外形。"因而,上帝就这样在极大程度上被理解为彼岸的"隐蔽的上帝",他确实已经去实体化,并被重新解释成一个纯粹的结构概念。所谓上帝,无非是镜子和被造物的外形,并因此只在与他在世俗中相遇的那些东西的反身中享有他的内容层面的存在,这个上帝已经在很大程度上失去了他的属人的神性(personale Divinität)。库萨大概自己也看到了这一点,因为他在思想的后续进展中又收回了这种极端的表达:"但是其反面是真的。他在那面永恒的镜子中看到的东西,并不是表

---

① Thomas von Aquino, *Schauen die Propheten im Spiegel der Ewigkeit?*, in: *Quæstiones disputatae de veritate*, Band I, übers. von Edith Stein, Freiburg, Leuven 1952, S. 354.

② 这种思想符合后来莱布尼茨计划的单子系统以及上帝作为**太上单子**(*monas monadum*)的观点。

现,而是真;他,这个观察者自身,就是真之表现。"但是这个反命题现在也不再简单地被视为有效的;有关上帝的镜像存在的"本真话语"并没有被简单地翻转并成为"非本真的话语"。上帝是世界的摹本,这一点并不只是假象而已。更确切地说,**他必须同时作为镜像形象和原型来被理解**,作为那种矛盾的事态的辩证统一,即他从世俗的存在者那里接受他的内容层面的存在,并且他还同时是真和存在基础——在这一存在基础中,那些存在者被包含进来。"如此,我的上帝,在你之中的表现就是真,是所有事物的以及所有存在的或可能存在的个体事物的原型。"①一种自身矛盾且充满对立的对上帝的三重规定就被这样给出:首先,上帝是所有世俗事物的摹本,这些事物在上帝之中映射自身。第二,上帝是真,真实的存在,即原本的存在(ὄντως ὄν, *ontos on*),如此他只是纯粹的行动,*actus purus*。但这个**纯粹的行动**被解释为纯粹的映射,因为它并不带有现实的物质性,可以说,它仿佛没有对象的镜子,却什么都不是。第三,上帝最终是原型,即**潜能**(*potentia*),是使极端的对极(Gegenpol)得以实现的纯粹的可能性。这样一种从神秘主义思想产生的对神的清楚简要的说明,必须从关于自身及其疑难(Aporetik)的哲学的、理性的思想领域中驱逐出去。在自相矛盾的分解中,它的含义就被世俗化了。

库萨清楚地说出了这种事实,当他讲到上帝时说道,"你拥有

28

---

① 前面所有引语都出自 Nicolaus Cusanus, *Philosophischtheologische Schriften*, Band Ⅲ, ed. Leo Gabriel, Wien 1967, S. 160。

的就是你的存在。因此你在你自身之中映射着一切"①。那种恰当刻画出映射特征、把拥有与存在等量齐观的做法,此时要说明的只不过是,上帝的存在**是作为**世界的存在来实现的。因为上帝在自身之中**拥有**世界,当他映射世界时,即使是作为摹本,这也是唯一的内容,是真的现实,因为镜子的如此存在,可以一直只是被映射物的形象。这种哲学作为理性的哲学,不能领会神秘主义的这一**复杂对立**(*complexio oppositorum*),它就这样被概念的内在矛盾进一步驱赶到一种纯粹世俗化的解释中。

因此,这种向世俗化的过渡,以及这个世俗化进程的开端是被内在地赋予的。就如同这种旧的宗教象征一样,它本应说明世界的多样与统一之间的辩证关系以及认识着的(erkennendem)人与知晓着的(wissendem)上帝之间的辩证关系,却成了纯粹世俗的结构概念,而这可以追溯到对隐喻的范畴要素的塑造那里。镜像的整体性联系就是出发点:"一面镜子,无论它有多么小,都能够以描摹的方式在自身之中容纳一座巨大的山以及在山体表面上的所有东西。"②这种存在者在镜子中捕捉到的存在被以空间关系的方式思考为内-存在(*inesse*)。但是人们似乎只能如此来规定它,因为事物在镜子中的内-存在的确是一种虚假的物,即便它是一个忠实地表现了存在者之间实在关系的事物。只有内-存在的**结构**在镜像上被掌握了,因为这些事物实际上的确是在它之外的。但如此一来,在一个总体之中的个体的内-存在结构,也就是个体事物与

29

---

① 前面所有引语都出自 Nicolaus Cusanus, *Philosophischtheologische Schriften*, Band Ⅲ, ed. Leo Gabriel, Wien 1967, S. 126。

② 同上。

世界之间的关系结构，就通过镜像的象征被概念化地表现了出来——而且仅仅是通过象征，因为我们自身作为总体的部分、作为精神世界的存在者，的确无法对总体做出像那样的，也就是"从外部"对象化的观察。但我们大概能在镜像中认出作为一种我们处于其**中**的相互关联（不是：我们所面对的相互关联）之部分的我们自身。因此，镜像不只是一个象征，而且是一个**必需的**象征，没有它事物自身不可能产生显象。只有凭借它，世界才能被表象为"在其中"所有的个体存在并彼此保持着关联的那个东西。

简短总结一下，这些结论来自库萨所给出的对于**内-存在**的推论，他用一句话来概述这些结论："**这种在内**（Das IN）就像一面其目的是能反照神圣的神学的合适的镜子，因为它是寓于一切之中的一切，寓于无之中的无，而且一切在它之中时就是它自身。"①

（单子作为整个世界的镜子：莱布尼茨）镜像成为内-存在的结构形象，而这也被规定为所有世俗事物的存在。因此镜像隐喻成为一个重要的世界象征。在这种含义中，莱布尼茨着手研究有关镜子的言论，并且最先以系统的形式去解决一般意义上对存在的理解问题。对他来说，单子是整个世界的镜像，而世界作为总体又只是在诸多个体单子中一切表征的内形象。上帝从现在起被等同于世界，所以就像在《形而上学论》第九章中所提到的："此外，每一个实体都如同一个世界整体，并且如同上帝的一面镜子，或者更确切

30

---

① 前面所有引语都出自 Nicolaus Cusanus, *Philosophischtheologische Schriften*, Band Ⅲ, ed. Leo Gabriel, Wien 1967，第二卷，第 334 页及以下几页。

地说是一面以它自己的方式来表达每一个事物的整个宇宙的镜子……"①

镜像隐喻因此成为对作为所有世俗存在者之总和的这个宇宙的一种普遍的结构性称号。在单子之中,对世界的映射在术语上被称作**表现的世界**(*repræsentatio mundi*)。在映射之中,被映射物被归结为统一体,而且它各部分的联结的本质要素也成为可见的。镜像被理解为从世界涌向个体存在者并以它的个体性来规定它自身的所有力线(Kraftlinien)的集合点。由于每个单子都是由它当时所处的位置决定的,所以绝不存在两个完全相同的实体,即世界的镜像形象,就如同的确也绝不可能存在两面有着相同镜像形象的镜子一般,即便它们照射的是同一个事物。在映射的视域性之中,这些个体的独特性被建立起来。由于每一个单子都是完全取决于在它之中发生着的对世界的映射——就像是被置于对镜像隐喻使用技巧的贯彻始终的实行之中,且已经在阿尔-肯迪对彼此相互反射的各镜像空间的次序②的譬喻之中,随后又在库萨的"*omnia ubique*"(一切都无处不在)中显现出来的那样——所以,每一个实体都可以被看作世界总体的结果。每一个个体都是从在它之中得以表现的现实的此岸世界的整体中,来获得它的存在内涵和存在感的。这些表征的全部相互关联,即作为总体的世界的结构,最终被克里斯蒂安·沃尔夫作为**太上单子**、作为对所有镜像的

---

① Gottfried Wilhelm Leibniz, *Metaphysische Abhandlungen*, in: *Kleine Schriften zur Metaphysik*, ed. Hans Heinz Holz, Darmstadt 1965, S. 49 - 172;此处为第 77 页。

② 参见本书的第 24 页及后一页。(译者注:此处为本书的原始页码,内容为阿尔-肯迪思想的解读部分。)

镜像,与上帝的概念等同起来。如此,上帝在他通过镜像隐喻表达的存在中作为结构性和总体性的概念,被完全拉进了世俗事物之中。

在镜像隐喻使用中的这种普遍性与歧义性,即它在两个方向上的"可读性"——世界作为上帝的镜子,上帝作为世界的镜子——在**类比形态**(*analogia entis*)的形而上学思维示意图中有系统的基础。如果绝对、上帝只能在与世界的类比中被思维——它在总体上作为"对它而言不会有更伟大的东西能被思维的那种东西"[①],以超越的方式将其特征在自身之中统一起来——同时,如果恰恰相反,世界只是与所有在上帝中的事物的统一性与总体性相符合中,作为"上帝的思想"而被理解,那么镜像结构就被安置在类比关系的各部分的对称性之中了。而且,就像上帝只能通过被类比为人所经验的存在现实而被思维一样,世界的超经验总体只能在其要素在经验性现实中被把握的某种绝对理念的形式中被思维。当人们指向类比的两个部分之一时,另一个部分总是表明自己是前一部分的镜像形象。

在此,镜像隐喻是借助于一种其各部分之间保持彼此对称的类比关系来发挥作用的。在整个前现代思想之中,直到文艺复兴时期,类比是作为一种思维示意图而被使用的,为了使人们对事态的意义进行精确陈述成为可能,它力求对比的语义精确性。柏拉

31

---

① Anselm von Canterbury, *Proslogion*, ed. P. Schmitt, Stuttgart, Bad Cannstatt 1962, S. 84 f.；引用依据 Jos Lensink, *Der Spiegel des Absoluten. Kritische Erwägungen zum ontologischen Gottesbeweis*, in: *Dialektik* 1992/1, S. 75 - 91。

图在《斐莱布篇》中解释善范畴的本体论含义时已经对这一点进行了说明。在这种中世纪以来就被接受的古希腊类比思想的规范模式影响下,近代早期也仍然有着对镜像隐喻的运用——就另一方面而言,后来对这种隐喻的批判指向了关于测量精确性的科学理论假定,并且把事物与镜像形象的相符理解为摹本保真度。[①] 因此,隐喻的功能改变了,这时它不再被看作一个精准的术语,而是被看作一种有着宽松任意回转余地的、诗意的感性化。

与此相反,莱布尼茨肯定不是没有考虑到库萨和乔尔丹诺·布鲁诺(1548—1600)的观点,他再次将有关镜子的言论带回到术语的严格性上来。

---

① Hans Heinz Holz, *Genauigkeit-was ist das?*, *Berichte zur Wissenschafts-geschichte* 25, Weinheim 2002, S. 81 ff..

镜像隐喻的精确运用

我们在中世纪哲学中就已探讨过镜像关系的两种含义之间的
矛盾,而在莱布尼茨那里,镜像关系的这两种含义看起来像是第一
次被统一到一个本体论概念之中:认识关系被理解为各存在者之
间的各种关系的一种特殊情况,这些关系通常可以被描述成一种
表达。正如莱布尼茨所表述的那样,"表达"在这里是一个严格意
义上的学术语词:"当你对一件事的看法和对另一件事的看法之间
存在着一种牢固的、有规律的关联时,就可以说,某事物表达(根据
我的语言用法)另一事物。在这种意义上,一个透视的投影就表达
了该投影中那个被投射的结构。"①基于这一背景,莱布尼茨将各
实体的相互联系构造为相互间的表征:"此外,每一个实体都像是
一个世界整体,像是上帝的一面镜子,或者更确切地说,像是依照

---

① Gottfried Wilhelm Leibniz, *Brief an Arnauld vom 6. Oktober* 1687, in:
Die philosophischen Schriften, ed. C. J. Gerhardt, Berlin 1879, Band Ⅱ, S.
112.

每个事物自身的方式来表达事物的万物整体的一面镜子,大约类似于就同一座城市而言,它是根据观察者在观察城市时所处的不同位置来展现其自身的。因此,就像存在着诸多实体一样,万物时常以某种方式被加以多样化(vervielfältigt)……"①

33　　(模仿与映射)对表达进程的描述在更宽泛的含义领域中导向模仿的过程和结果。② 因此,在这里提前进行一个区分是比较明智的:模仿最初指的是一种行动,是对一件发生的事情的重演。模仿行为必须有简明扼要的形态特征,以便它能够就这样被重新认出。相比之下,"映射"是两个相互联系的构造物之间的一种结构上的同构关系,在这种关系中,处于其整体性中的这些过程就如同那些可以相互对比的构造物一样被对待。

　　(映射的机械要素在其隐喻含义中的消解)映射从结构上来说是一种静态关系。虽然"在镜子里",即"按照镜像形象"来说,对象的每个运动都会产生相应的映射,但镜子仍然是被动的、复制性的,而导致这种误解的原因恰好与描摹相关。镜像形象的变化依赖于

---

① Gottfried Wilhelm Leibniz, *Metaphysische Abhandlungen*,出处同前,第77页及后一页。

② 从词根 $\mu\tilde{\iota}\mu o\varsigma$(mimos)推导出:$\mu\tilde{\iota}\mu\varepsilon\sigma\theta\alpha\iota$(mimesthai),$\mu\acute{\iota}\mu\eta\sigma\iota\varsigma$(mimesis),$\mu\acute{\iota}\mu\eta\mu\alpha$(mimema),$\mu\tilde{\iota}\mu\eta\tau\acute{\eta}\varsigma$(mimetes),$\mu\tilde{\iota}\mu\eta\tau\iota\kappa\acute{o}\varsigma$(mimetikos)。$\mu\tilde{\iota}\mu\varepsilon\sigma\theta\alpha\iota$ 意味着"描述""表达""做相似的""模仿",因此包含一种广泛含义,与之相对,拉丁语的 *imitari/imitatio* 描述一种狭隘含义。*mimos* 和 *mimetes* 表示执行 *mimesis* 的人,*mimema* 表示模仿的行动的结果。**模仿**(mimesis)是动作自身。*mimetikos* 指示能够模仿的某物,模仿的对象。关于模仿-理论参见托马斯·迈特舍尔在辩证法基本概念丛书中的"Mimesis"卷;ders., *Ästhetik und Mimesis*, in: ders. u. a., *Mimesis und Ausdruck*, Köln 1999;也可参照 Georg Lukács, *Die Eigenart des Ästhetischen*, in: Werke, Band 11 und 12, Neuwied, Berlin 1963,以及 Hans Heinz Holz, *Philosophische Theorie der bildenden Künste*, Band Ⅰ: Der ästhetische Gegenstand, Bielefeld 1996。

对象的变化,这也许对**镜像**来说是必然的,可是对**镜像形象**来说是偶然的①:在镜像形象的存在中作为被映射物而被归属于这个镜像形象的形式-形而上学的各种规定,一直是不依赖于镜像形象的显象变化的同样的规定。当我们在镜子中看物体自身时,物体自身的这种镜像形象的映象特征和它作为形象的显象特征并不是同一的。辩证论者提出如下指责,光学现象的这种近似于机械性的进程,使得它并不适于对过程和完全依赖于时间的、在时间中发生变化的各种关系进行表达,这种指责自**提出伊始**(*prima vista*)就有一定的说服力;然而这个隐喻似乎并不适合作为图式形象而被用于某种普遍的定理。②

然而,现在能指(Significandum)与所指(Significatum)之间的**不一致**,可以归结于隐喻物的形式。更确切地说,正是由于两者之间的语义差别才产生了对所指的意义革新。同时,一个隐喻的精确运用必须遵循能指的形式规定,且这些规定不能以**随意的**方式和方向被设置,而应允许建立一种诸多意义环节的相同结构。③

34

---

① 这个位于这种差异中的矛盾构成了奥斯卡·王尔德《道林·格雷的画像》一书主题的逻辑形式。

② 在我第一次陈述映射的逻辑-本体论的结构时,我在 *Die Selbstinterpretation des Seins*(出处同前)这本书中,在意识到这种异议的情况下,已经提议用漫游隐喻(Fahrtmetapher)作为镜像隐喻的补充,这是我从恩斯特·布洛赫对黑格尔《精神现象学》的解释中所吸取到的。这个建议是一种权宜之计,这种权宜之计在严格的限制隐喻物的形式层面上证实是多余的。因为用隐喻所表达的东西可以一直只是关于一种**结构**的也就是一种关系的相似物,但并不是指所有联系环节以及其关系的**实质的**(substanziell)相似物。映射物和被映射物在不同的实在性表达方式中从结构上相符合;正如莱布尼茨用一种精细的本体论区分所说,它们是等量的(äquivalent),不是等质的(äquipollent)。

③ 参见 Hans Heinz Holz, *Die Bedeutung von Metaphern für die Formulierung dialektischer Theoreme*, 出处同前;同样还有 *Genauigkeit-was ist das?*, 出处同前;也可参照 Jörg Zimmer, *Metapher*, 出处同前。

当隐喻并非着手于内在世界感官对象(Sinngegenständen)之间的意义转换,而应当展现那种在内在世界的原则性状况下不能被给予的含义时——当隐喻因此成为思辨的概念构建的一种工具时——这是尤其要被要求的。从这个意义上说,镜像隐喻只是作为一种思辨概念而获得了一种确切的哲学内容;同时出于这种"严格的形而上学"(à la rigueur métaphysique)的用法,所有不再坚持这种严格性的"诗意的"推导以及它们的解释力,也都牵扯到形而上学的严格性(莱布尼茨)。①

(摹本与反映之间的类别差异)这些误解也总会导致如下错误观点,即对某事物或事态的反映可能会被理解为一种简单的甚至是如同照片一样保真的"摹本",也就是说,将反映理论与摹本理论等同起来。尽管"反映"与"摹本"两个概念在大多数哲学的语言用法中并不存在明显区别,但以哲学的严格性而言应当作如下区分:**反映**指的是一种在对象的实在性和表征中实在性的显象(或虚构)之间的**结构性**对应,这种实在性与映象之间的对应,可以被看作类似于映射的逻辑-本体论的关系。相比之下,**摹本**指的是对伴有一种现象或形象相似性要求的某种事物或事态,在外形上达到大致精确的再现(或重复)。

反映是一种结构-本体论的关系,而摹本是一种现象-存在的(ontische)关系。因此存在一些情况,在这些情况中,各种反映关

---

① 参见 Hans Heinz Holz, *Stichwort ›Widerspiegelung‹*, in: Hans Jörg Sandkühler (Hg.), *Europäische Enzyklopädie zu Philosophie und Wissenschaften*, Hamburg 1990, Band 4, S. 825 - 844;ders./Thomas Metscher, *Stichwort ›Widerspiegelung‹*, in: Karlheinz Barck u. a. (Hg.), *Ästhetische Grundbegriffe*, Band 6, Stuttgart, Weimar (in Vorbereitung).

系的产物是一个摹本,并且反映能够被解释为摹本,反之亦然。正是因为考虑到这种重合以及由此造成的概念混乱的危险,这两个术语及其相关理论的不同分类状态才应当被牢牢把握。

对思维的描摹-表征功能的设想——或者在更广泛的意义上说是对意识及其表达形式的设想——其实可以像莱布尼茨所说的那样通过实践的标准而被证明,即只要在对象性活动中证明,外部现实是否按照行动目的而被正确地思考。但是,如果这种假设不是建立在先前获得的、确定的对世界理解的基础上,那么对于所有依赖**我思**的自我奠基作用的这种笛卡尔式的反对主张来说,这种假设也仅仅是一个单纯的论断而已。当然,由于社会意识要想在其超个人的被构造性(Verfasstheit)中规定自身,就不能缺少对个体意识行为的人类学特征的规定,那么如果不能从存在关系的一般本体论中推导出对法律①、艺术②等的反映特征的讨论,这种讨论就只是一种解释学的方法论而已。③ 社会的上层建筑对其基础的积极反作用,也只能通过物质关联的普遍理论来解释。由此可见,每一个层面的反映理论都需要事先对其理论状态进行澄清,并受到通过镜像隐喻所构建的世界模型的约束。然而,承认"反映"

36

① 参见 Wilhelm R. Beyer, *Der Spiegelcharakter der Rechtsordnung*, Meisenheim/Glan 1951, 以 及 Hermann Klenner, *Zur Grundfrage der Rechtsphilosophie*, in: *Vom Recht der Natur zur Natur des Rechts*, Berlin 1984, S. 171-186 和 Heinz Wagner, *Recht als Widerspiegelung und Handlungsinstrument*, Köln 1976。

② 参见 Georg Lukács, *Die Eigenart des Ästhetischen*, 出处同前;同样还有 Thomas Metscher, *Shakespeares Spiegel*, 2 Bde., Hamburg 1995/1998 和 Hans Heinz Holz/Thomas Metscher, *Stichwort ›Widerspiegelung‹*, 出处同前。

③ 参见 Hans Heinz Holz, *Dialektik und Widerspiegelung*, Köln 1983。

术语对于反映理论的根本性作用并不是没有意义的。因为这样的陈述意味着,以术语的方式严肃地对待这个语词的隐喻性内容,也就是说,准确地使用这种隐喻并将其精确性表现出来。

(隐喻的精确性)在莱布尼茨那里,镜像隐喻似乎是一种阐明实体的相互结构的**精确术语**。显而易见的是,被作为精确术语理解的隐喻,不应该被简单地解读成某种模糊的解释性的感觉启示——也就是所谓的某种诗意的许可——而是必须按照莱布尼茨所说的那样,在"**严格的形而上学**"意义上被使用。也就是说,以这种比较的方式而被引用的形象必须与通过形象被表示的事物保持精确的形式上的(结构上的)协调一致,这些协调一致是如此重要,以至于能使事物自身的本质(Natur)变得清晰。具有**隐喻性**应用意义的镜像隐喻恰好利用了这种精确性,将隐喻的逻辑-形而上学结构替换为视觉事态的机械性结构,以便使这种比较不会被解释成某种存在上的(ontisch)相符。而隐喻的这种意向则贯穿于镜像现象的现象层面。

(镜子是一个事物……)那么我该如何描述这种现象呢?镜子首先是一个具有其他事物属性的事物;它具有大小、重量、阻力和许多其他属性;它具有——而且这是重要的——一个外观。如果没有镜子的物质材料以及镜子表面特殊材料的特性作为镜子的事物属性,也就不会有映射。然而,由于这种特殊的材料性质,在被抛光物体的属性上又增加了一种额外要素,即这种可见的东西,通过使它是如它所是的那样,把其他那些可见的事物如此地描摹出来,以至于其他那些可见的东西看起来像是存在于这种可见的东西之**中**。同时,即使在"自身-身体感觉"意义上或是在某种空间被扩展

的"环境"意义上,这种内-存在也不可以被理解——尽管它恰好**看** 37
上去显现为这样,且这绝对不是任意或偶然的,而是作为一种**牢固**
基础上的现象(*phaenomenon bene fundatum*)。这个镜像形象,也
就是**作为被映射物的东西**,仍然是**被包含**在镜子之中的(这就像符
号的含义被包含在这个符号中一样)。镜子中所显现的东西是以
感官上可知觉的方式被可见地包含于其中的。

(……*将其他事物作为镜像的内容*)所以镜子并不仅是和其他东
西一样的东西,而是一种"非常特殊的"东西。[1] 因为它有这样一
种属性,凭借这种属性,它不仅在质地上,而且在类型上与所有其
他东西区别开:它映射。这意味着:当镜子**是这样的**时候,它就是
某些其他东西的形象——并且**只有**在作为其他东西的形象时它才
是镜子。也可以这样说:镜子只能以展现其他东西的方式来获得
一种外观;它无法将自身作为某种外貌,而是使自己看起来像别的
东西。因此,我们才会错将一个对象的镜像形象认作现实事物。
但如果我们认识到镜子是这样的,即作为映射着的对象,那么我们
已经产生了**在它之中包含着**被映射对象的这种印象。只有进一步
的观察才能让我们意识到,镜子中的被映射物并不是真实的,而是
虚假地被包含在其中的。在镜子中似乎产生了一种第二等的现
实,它是原初现实的虚构,同时又作为部分的现实物而被归于现
实,因为镜子毕竟也是一个现实的东西。[2] 然而,这种虚拟性并不
是一种能够被停止的活动的任意产物——就像一幅肖像画能被画

---

[1] Josef König, *Sein und Denken*, Halle/Salle 1937,S. 119.
[2] 这是自在之物与映象之间关系的"先验的"方面。

或不能被画出来一样——更确切地说,处于镜子前的映射对象必然作为被映射对象而被虚拟地包含在镜子之中。对于映射对象来说,它被映射,这是偶然的,因为如果没有镜子,它也是它自身;但对于镜子而言,它映射,这是必然的。

虽然在镜子中被映射的东西对于镜子来说是外在的——如上所述,个别的映射物对于映射来说是偶然的——但是,通常一个映射物在镜子中显现这一点却是必然的,因为如果镜子没有内容,也就是没有镜像形象的话,那么镜子也就不再是镜子,而是成为单纯与其他东西一样的东西了。

(映射物)映射总是会涉及第二等的东西,这种东西在镜子中被设定为形象并由此自为地显现,但它在自为设定中则是以自在存在着的方式被预设为前提的。黑格尔曾在《逻辑学》有关反思的章节中描述了这种进程的逻辑结构。① 镜子的可能性要基于能映射的事物的实存。镜像形象的虚拟性标志了映射的现实的实存。被映射物在存在上是依赖于映射物的。但镜子自身却没有表现出这种依赖性,从现象角度看,镜像形象就是镜子自身的物的存在(Dingsein)的一个要素。我们可以做这样的假定:如果镜子自身是有意识的话,那么镜像形象就是镜子自身的产物,而映射对象则是镜像形象向外部世界的投影。映射过程可以虚幻地交换实在性与摹本之间的关系,也就是将现实与观念之间的关系颠倒过来。

(镜子的自身区别……)隐喻或许可以进一步解释,镜像形象的

---

① 关于反思概念也可参照 Jörg Zimmer, *Reflexion*, in: *Bibliothek dialektischer Grundbegriffe*, Bielefeld 2000。

必然的视域性,由镜面隆起或模糊引起的可能的失真,镜像形象的
单方面性——它并不显示映射物的背面——深度视野与形象效
应,映射球的多方面性,就像莱布尼茨所设想的那些单子一样①,
等等。这里我们首先要提到映射的逻辑特性,因为它展现了辩证
关系的形象。为了分析这种关系,我们可以从约瑟夫·柯尼希
(1892—1985)的观点出发,镜子"**是一个与同一个事物,在此之中,**
它(镜子)自身与它映射的东西——而且是被镜子所映射、以某种
方式出现在镜子中的东西——是**不同的**"。②

镜子就是它所是的东西,它是映射着的东西,并且作为这样的
东西时才是它——它自身。但是,只有当镜子是其他事物或者说
是映射物的一个形象时,镜子才是它自身,而且恰巧由于这个他物
是**它自身的外观**,这个他物就与镜子区别开来,而只有当镜子看上
去像映射物一样时,镜子才是其所是。镜子与映射物之间的区别
就这样存在于镜子自身之中。

因此,我们可以说,被映射物作为镜子的这种完全必要的内
容、作为这个确定物是可替换的,所以也就不同于它的镜像存在,
镜子与被映射物之间的区别就是在那双重含义上的镜子的自身区
别,即镜子与镜子自身中的被映射物之间的那种区别,以及构成镜
像存在的确定性要素,即构成它的"自身"的那种区别。对此柯尼
希还提道:"镜像形象就是**镜子的**形象,这个二格表示事物的所

---

① 参见 Joachim Schickel, *Über Leibniz*, in: Domenico Losurdo/Hans Jörg
Sandkühler (Hg.), *Philosophie als Verteidigung des Ganzen der Vernunft*, Köln
1988, S. 65 - 87。

② Josef König, *Sein und Denken*, 出处同前,第 67 页。

属。……镜子所映射的东西,就是**属于镜子的**东西,如此也就是镜子**的**他者;虽然他者与他者**所属的**那个东西都是不同的东西[外在区别的东西,ἕτερα(*hetera*),diversa],但同时在它们中的那一个,即所谓的**占有着的**他者之中,都是内部区别的东西[διάφορα(*diaphora*),differentia]。"①

(……*在决定性的普遍物的逻辑形式中*)当镜子不只是它自身作为映射着的物,而且还以映射着的方式包含作为其镜像存在的确定要素的、被确定的镜像形象时,被映射物就是映射的一种表现方式;而镜像,一种以映射着的方式被确定的映射物,则是它自身的一种表现方式——作为普遍物与类,它是完全映射着的任意物——那么镜子就是它自身的和它的对立面的也就是非-映射着的物的,此外还有被映射物的具有决定性意义的普遍物。同时,在此我们可以说镜像形象是镜子的对立面(而不仅仅是它的诸多特征之一),通过可能的和有根据的合理说明可以清楚地看出,"我们在镜子中能够看到物**本身**。因为我们在镜子中看到的并不是如同物的形象那一类的东西,而是**在镜子中**看到了**物本身**。"②然而,物本身在这里实际上是镜子的对立面,由此镜子自身与它的对立面相重叠。

当然,这里反过来说也是可以的。作为物的物是所有可能的物的类概念,因此镜子的物也是一种物的物。作为一种"格外特殊

---

① Josef König, *Sein und Denken*,出处同前,第 67—68 页。

② Josef König, *Sein und Denken*,出处同前,第 67 页;也可参照 Klaus Peters, *Sehen wir im Spiegel das Ding selbst?*, in: Hans Heinz Holz (Hg.), *Formbestimmtheiten von Sein und Denken*, Köln 1982, S. 41 - 54。

的物",镜子确实是某种事物(eine Art Ding),而它的对立面也同样如此,即物的物质的、可见的物性恰恰是在**它的**帮助下才能够被定义:"**这样的镜子并不单纯是某个其他的可见的物**,即作为诸多被它映射的可见物中的任意一个物;更确切地说,作为**可见的物**,它是作为这种物的一种其他的物……将可见的物**定义**为(原则上)人们也可以在镜子中看到的事物,这种方式是可行的。或许这甚至是我们所能够给出的最好的定义。**借助于镜子,如此**定义可见的物至少是合理且可能的。"①然而,这并不意味着镜子完全不能被理解为某种事物。镜子之所以如此,不仅仅是由于它的物质性,它的物质性即便在它不映射的情况下(比如因为它被罩上了一块布)也能够被感知到,因而镜子之所以如此,还恰恰在于它能够映射,当它被察觉到**是一面镜子**时,它向我们展示了自身是作为一种可见的物,且显然是处于它的物性之中的。"如果或只要我们看到其他的物——**并且原则上是所有其他可见的物**——在镜子中,镜子自身,作为这样的物,就是**一个可见的物**。由此,镜子实际上是一种**格外特殊的**可见的物。因为它是:1. **除了**其他的那些它映射出或能够被映射的可见的物**之外的**一种可见的物;并且在**同样的**意义上,它是像那些其他可见的物一样的东西。2. 然而**它的方式**是,**成为一种可见的物**,一种**其他的方式**是,作为**所有其余可见的**物。因为这些作为可见的物的此在,并不依赖于一面镜子来映射它们。反之,**只有作为**其他可见的物的映射着的物,镜子(作为这

---

① Josef König, *Sein und Denken*,出处同前,第117页。

样的物）自身才是一个可见的物。"①如此，（实在的）不仅物存在而且镜像存在的类概念也得以确定下来，正如相反的（现象的），镜像存在是被包含在它之中的物存在的类。

41　　　　镜子自身是像映射物一样的一个真实的东西，相比之下，镜子中显现着的被映射物则是一个虚假的形象——既没有在镜子中现实的、使它显现在其中的空间，也没有它"欺瞒"的物质的外延性。正因为镜像形象不是真实的东西，所以当我们在镜子中看到物本身时，就像是看到了一幅画或者一张照片那样——由此会给这个"自身"赋予"虚假的"这一标签。绘画或摄影都是被它们展示了的事物在自身物化（dinglich）后所呈现出的其他东西。它们"指代"的是基于某种相似性关系或者表达关系的描摹物，而它就是赋予它们自身以某种内容的指代（Bedeutung）。总会有某种对指代的指代。在第二个层面上，才会建立起与绘画或者摄影相关的审美关系。通过使它们**作为物**而成为他物，且独立地面对描摹物，它们的其他存在（Anderssein）才得以确定下来。将它们作为一些形象来欣赏时，我并不需要估量它们的描摹物。可是镜像形象恰恰就是映射物，且它既没有脱离对映射物的实在的依赖，也没有被视为映射物的某种替换物。镜像形象的指代并不是要**指代**映射物，而是**作为**映射物的显象。形象的观念性与描摹物的实在性相重叠——但也只有在作为形象的时候才如此。同时，形象的观念性比描摹物的实在性"更加真实"，因为它不仅使描摹物的个别的此在，也使这种此在的"世界"显现出来。为了使形象的这个观念的

---

①　Josef König, *Sein und Denken*，出处同前，第 119 页。

存在能与直观的、行为的世界的物质内容建立关联,"思辨的"观点,也就是镜像的观点必须经受一次反转,也就是说,镜像形象必须作为"被映射物"而被认识,且必须根据其产生的程序方式使它的形象特征被指出、被"解密"。这种情况发生在形象指向现实对象的关联之中。

镜像的虚假性是如下情况之所以可能的前提条件:我们从同一的一,即镜像形象出发,在与映射物的非同一性中同样断言了与它的同一性,并且以此用同一性与非同一性两者**对象化地**充实了同一性的形象,也可以说,允许以物化的、表征的方式去看。除了映射着的物在**逻辑**上是它自身和它对立面的被映射物的类,以及映射物在镜子中所显现的东西之外,这种自身区别并不意味着任何东西;相比而言,**在存在上来说**——这里指,在能够自在地将镜子的自身区别置于其镜像形象之前的这种外在区别的方式之中——映射物就是它自身和它对立面的被映射物的类。然而,镜子自身是一个由物质材料构成的东西,因此也适用于如下情况:物质性是它自身的类,并且是作为映射着的物质的特殊方式。这种关于其对立面类型的"重叠"的思维形象作为辩证关系的基本形象,已经被黑格尔讨论过了。①

(反映与哲学的基本问题)现在就能比较轻易地看出,重叠的形象所处的逻辑状况,也就是思维存在的、**沉思的**(der *cogitationes*)状况;其在镜像形象上相反的情况,就是处于存在上的状况,也就

42

---

① 参见 Hans Heinz Holz, *Das übergreifende Allgemeine*, in: *Dialektik und Widerspiegelung*,出处同前,第 51—62 页;ders.: *Riflessioni sulla filosofia di Hegel*,Napoli 1997,S. 123 – 162.

是存在着的存在的、**实体的**(der *entia*)状况。这是对下述内容的本体论表达,即依照思维与存在的关系①,哲学的基本问题并非做出一种任意的选择,而是自身作为对反映关系的反映,以必然的方式准许这两种且仅仅是这两种优先,思维的观念的优先或存在的物质的优先。然而,基于辩证逻辑的情况来说,这种**排中律**(*tertium non datur*)也表明:在唯物主义与唯心主义之间并没有"第三条道路"。

在这里被粗略概述的映射的逻辑结构直观地展示了重叠的普遍事物的辩证形象,这种结构使得以形而上学的严格态度对作为一种格外特殊的存在关系的反映概念进行讨论成为可能。而一旦明确了反映理论是以何种方式明确回应了哲学的基本问题,也就能够解释,那些关于法律秩序的镜像特征或者通过艺术作品对社会现实的反映以及其他理论都是什么意思。相比之下,反映作为世界精神遗产的所有形式之不确定头衔,有可能面临如下危险,即忽视了镜像进程的辩证形象,而单纯以不确定的普遍性来说明一种作用,在这种作用下,一种从对象领域到对象领域的进一步规定中的相似性,在作者的状况与作用承受者的状况之间,得以被构成或创造出来。

在这种普遍意义上就会谈论到,这种关系可能需要这种"相似性的某个有所不同的鲜明要素"。② 这种表述作为普遍的特征来

---

① 继续参见本书随后的第 46 页及以下几页。(译者注:此处为原书页码,内容为恩格斯的哲学基本概念及随后部分。)

② Helmut Korch, *Materie und Bewußtsein*, in: *Autorenkollektiv, Marxistisch-leninistische Philosophie*, Berlin 1979, S. 77 - 174;此处为第 138 页。

说是非常正确的,而反映的辩证特征却没有在其中过多显露出来,除了结构的相同与相似性之外,这种特征仅仅通过重叠的特殊形式而被确定。因此,当镜子-形象①作为结构模型而被最先引入时,也就是根据哲学的基本问题来重新建构反映的本质,这种做法对于我而言是很有意义的。因此,该定理在"基础-上层结构-关系的"所有要素上的应用都能够得到有条理的保证与证明,镜像形象也能够用作"总的物质的基本属性"的模型。②

---

① 在此提一下以下惯例:当表示被用于隐喻语言中的镜子时,我使用语词"镜子-形象";当表示在镜子中的映射物的镜像形象时,我称之为"镜像形象"。

② Helmut Korch, *Materie und Bewußtsein*, 出处同前,第 139 页。

作为辩证唯物主义基本
范畴的反映概念

反映概念只有在马克思主义哲学中才成其为一种详尽的理论。受列宁主义者对该术语使用方式的启发,反映定理勾画出了一个模型,依照该模型能够理解思维与存在,以及精神与自然的关系。而作为一个模型,它并不要求描摹性,而是要求结构上的同构。事实上,并不存在其他能够马上将这种关系清楚说明的模型,而且这个模型也作为对存在者的一种普遍的作用关联(Wirkungszusammenhang)的表达而被理解。避免了二元论与一元论的疑难,重叠的辩证形象就是显而易见的。当然,如果反映理论想要强调它的有效权利,那么它必须通过对杂多进行统一的条理性结构来获得某种连结原则,这种原则需要证明自身是对反映功能的一般性理解——并且这种结构必须是自明的(evident),即必须作为先天的来展示自身,这种原则也贯穿于所有行为与认识的经验之中。①

（全体相互关联的观念：物质）除了在全体相互关联的**观念**那里，一个整体的理性结构无处能安置——作为一种先天的东西，它构成了连同实践经验在内的经验的可能条件。并且它必须发展出联结个体的原则，从而使其差异性的形式规定和多样性的根据，能够通过尚未确定的整体被显现出来。因此，这种利用了反映结构的解释模式，实际上是与包含所有此在者的共时性的整体概念一起运作的。黑格尔的绝对概念——作为绝对的——恰恰不是在有限的无限性中继续运转的概念的持续规定序列，而是其最终的、构成整体的东西。莱布尼茨的单子作为整个世界的镜子，正如约阿希姆·希克尔所展示的那样②，被认为是一个在其中所有东西看上去都依照原则而被映射的球面镜。整体性并不是说：现在是这个而之后又是其他的，否则这个世界或许恰巧不是这个现在，而是在世界之外的、并非现在的未来的东西。如果存在被定义为整体性范畴，那么它的时间范围必须被代入现在。③ 因此，在一个辩证

45

---

① 参见 Hans Heinz Holz, *Bemerkungen zu einem dialektisch-materialistischen Verständnis von Apriorität*, in: Gerhard Pasternack（Hg.）, *Zum Problem des Apriorismus in den Wissenschaften. Schriftenreihe des Zentrums für philosophische Grundlagen der Wissenschaften*, Universität Bremen, Band 2, Bremen 1986, S. 107 - 123。

② 参见 Joachim Schickel, *Über Leibniz*, 出处同前。

③ 此外，存在不是存在者的现实性，而是理念的现实性。这是黑格尔的结论。当历史性——不只是人的，也是自然界的——应当被取得时，凭借着在所要求时间内的运动对**停顿的现在**（*nunc stans*）所作的这种中介，必须在镜像隐喻中将其自身表现出来。当关于这样一种可能性和还-未-存在的东西的本体论被扩展的时候，这就是可以想象的。参见 Ernst Bloch, *Logikum/Zur Ontologie des Noch-Nicht-Seins*, in: Tübinger Einleitung in die Philosophie, in: *Gesamtausgabe*, Band 13, Frankfurt/Main 1970, S. 212 - 242。

的世界模型中,实体的复多性必须与世界的统一性联结起来,如此,总体才能作为其每一部分的个体性的基础,而每一部分才能作为总体的条件。

在自然总体任一部分中的自然总体的自然的内包存在,产生于交互作用之普遍性的每个个体作用的根据,以及在全体相互关联中的个体的本体论基础,连同最后这种观点,即反映是一种从存在者的内部所产生的活动,这导向了一种似乎是单子论的世界观,在其中总体的观念不再以形而上学的方式作为一个实体,而是被理解为关系的-结构性的。当卡尔·马克思(1818—1883)以辩证的"物质关系"取代来自形而上学唯物主义系统的传统物质概念时,整体概念的这种变化——从莱布尼茨开始并在黑格尔的"绝对关系"概念中被进一步发展——在卡尔·马克思那里得以全面完成。只有物质性的关系规定,才会允许将自然与精神、物质与思想的统一展示为**一种对差别的统一**,并将作为一般唯物主义之**必要条件**(conditio sine qua non)的唯物主义一元论贯彻始终。

反映定理的世界模型因此将存在者的整体构建为物质关系。就这点而言,该定理也是符合黑格尔的看法的,"真的即总体"①。然而,将哲学发展为科学体系的黑格尔,能够从思维活动以及在思维过程中被设置的每一种限制与规定的进展引导出对总体的每种单独知识的超越,并由此将绝对作为精神,作为发展中、自身完成中的知识的整体(Inbegriff)来理解,如此,"真的只有作为体系才

---

① Georg Wilhelm Friedrich Hegel, *Phänomenologie des Geistes*,出处同前,第 19 页。(译者注:即"真理即大全"。)

是现实的,或者说实体在本质上便是主体"。① 所以,哲学自身就　　46
是对绝对的显现。与之相反,反映定理的唯物主义含义在于,个体
与限制(Beschränkte)恰好在它的个体性之中包含了与所有其他
物质性存在者的现实关系,并以在普遍关系中存在着的方式,包含
或者表达总体。某个存在者与另一个存在者的每一种物质关系,
或者在普遍意义上的"对象性活动",在涉及这里与现在的实际关
系时,就会指明关系系统的空间-时间整体,也就是**序列**(*series*
rerum),或 者 是 世 界。而 原 则 遵 循 基 础 的 这 种 瞬 时 的
(transitorisch)思维,作为最后的规定性在非特殊的规定性中能够
获得满足,但也只是物质关系这种普遍特征的思想复制品。因为
在每一个个体中都反映着世界的整体性,而这只能通过超越个体
来理解,所以黑格尔得出如下观点,作为概念的自身运动的超限
(transfinite)思维被理解和表述为:"真就是它向它自身的运
动……"②但是,物质世界的无限运动性在概念的镜子中显现为知
识的发展,而思维作为单个的、精神世界上存在着的思想者的观念
活动,则显现为物质世界的反映,且思维的辩证的形式规定显现为
物质的世界进程的镜像形式。因此,反映理论为世界作为物质关
系之整体的辩证概念提供了这种模型,与此同时,也为与存在相关
的思维的特殊反映特征提供基础。由于物质关系包含了作为当下
之条件的过去的关系,以及作为复合关系的实在要素和它的运动
条件的可能的关系(也就是将来的关系),那么有意识的反映也会

---

① Georg Wilhelm Friedrich Hegel, *Phänomenologie des Geistes*,出处同前,
第 22 页。

② 同上,第 35 页。

涉及回忆、预知以及假定的时间-模态维度,而它们的对象在现实意义上也显然不是真实的。

(恩格斯的哲学基本问题)自弗里德里希·恩格斯(1820—1895)以来,反映问题开始与哲学基本问题①联系起来。恩格斯写道:"全部哲学,特别是近代哲学的重大的基本问题,是思维与存在的关系问题。……哲学家根据他们如何回答该问题而分成了两大阵营。凡是相比自然而言宣称精神的源初性的……组成了唯心主义阵营。而其他将自然视为源初性要素的,则属于唯物主义的各学派。……思维与存在的关系问题还可以有另一种表达:我们对我们周围世界的思想与这个世界自身的关系是怎样的?"②

(哲学史的系统化)这段表述必须被小心谨慎地仔细阅读。这段表述并不简单,它在一个普遍的和一个随后的限制定语中并不明确包含着一个哲学理论以及对该理论的时期划分。因为在关于**全部**哲学的**重大的基本问题**的陈述中,也许还存在着某种对哲学的真正对象和本质的非常精确的理解——与此同时,在他所做的特别指向**近代**哲学的补充之中,人们可以发现他对哲学史中一种根本性转折的暗示。

而后者实际上是很容易被看到的。正如科学以及最初与科学一体的哲学依靠前苏格拉底时期的哲学家以科学思维替代神话的

---

① 参见 Hans Heinz Holz, *Stichwort ›Grundfrage der Philosophie‹*, in: Hans Jörg Sandkühler (Hg.), *Europäische Enzyklopädie zu Philosophie und Wissenschaften*, Hamburg 1990, Band Ⅱ, S. 481 - 484。

② Friedrich Engels, *Ludwig Feuerbach und der Ausgang der klassischen deutschen Philosophie*, in: *Marx-Engels-Werke*, Band 21, Berlin 1962, S. 274 und 275.

解释模式——尽管哲学从一开始就是以元理论的方式追求知识——而得以产生一样，在近代之初的勒内·笛卡尔（1596—1650）那里发生了思想的第二次重要转向：在那之前，哲学认知还是直接指向（*intentio recta*）世界的；自笛卡尔以来，哲学认知凭借着对思维中的给予性、描摹或产生的考察，开始指向它的对象，也指向了间接的方式（*intentio obliqua*），以至于哲学不再是对世界自身，而是对在镜子中的关于世界的意识的那种世界的考察，就如同我们只能在镜子中看到委拉斯凯兹画作上维纳斯的面貌。在主导所有现代哲学的先验课题中，思维与存在的关系问题被视为核心问题，而这种情况产生的原因就在于，笛卡尔凭借对仅仅作为最初确定物的"我思"的回溯，以及在思维与存在之间割裂开的鸿沟的本质。

　　但即便在笛卡尔之前，思维与存在的关系也是被包含在对真或者对我们知识的有效性和可靠性的追问之中的问题——虽然还没有对主体、主体性的特别现代的记述。在爱奥尼亚自然哲学家初次尝试借理论模型的帮助以内心世界的原因解释自然之后，巴门尼德（公元前 540—公元前 480）就已经将存在、思维与意见之间的关系作为哲学的真正对象来讨论了。同时，在"思维与存在是同一个东西"①这个简洁的句子中，强调了贯穿于所有进一步的哲学之中的那种中心思想。如果能够说明这种中心思想被改变与协调的方式取决于个别科学发展的现状，那么虽然存在一个持续不断的基本问题，但它的展开是有其历史条件的，并且形成了哲学史的

---

　　① 巴门尼德著作残篇 B，3。

基本模式。

（认识与反映）为了回答这个基本问题，恩格斯也引入了"镜子-形象"的说法。"我们对我们周围世界的思想与这个世界自身的关系是怎样的？我们的思维是否能够认识现实世界，我们是否有能力在我们关于现实世界的表象和概念中产生对现实的正确的镜像形象？这个问题用哲学语言表达的话，叫作思维与存在的同一性问题，并且被绝大多数哲学家所接受。比如在黑格尔那里，哲学家们自身的赞同是很容易被理解的：因为我们在现实世界所认识的，正是这个世界的以思想的方式所得出的内容……，因此黑格尔体系终究只是代表着一种就方法与内容来说被唯心主义地倒置的唯物主义。"[①]这段文本以及马克思和恩格斯作品中的其他段落，都使得其中的镜像隐喻被彻底清晰化，但是在它的结构精确性方面没有进一步的澄清。只有在列宁那里，我们才获得了有关这方面的其他提示。当然，基于青年马克思[②]对莱布尼茨的研究，我们可以认定如下内容，即镜像隐喻并不是偶然、未经系统考虑地被纳入经典作家的语言使用中的。在任何情况下，我们都有权利询问，在对样本（Vorbild）的再现进行说明时，借助"镜子-形象"的方式所作的说明是否比仅仅一般性地通过"形象-符号"的方式更加准确。我的论点是，在对基本问题的唯物主义回答中所确定的思维与存

---

① Friedrich Engels, *Ludwig Feuerbach* ... ,出处同前，第 275 页和第 277 页；参照 Hans Heinz Holz, *Dialektische Ontologie des Zusammenhangs*, in: ders. , *Einheit und Widerspruch. Problemgeschichte der Dialektik in der Neuzeit*, Band Ⅲ , Stuttgart, Weimar 1998, S. 311 – 360。

② Karl Marx, *Philosophie des Leibnitz*, in: *Marx-Engels-Gesamtausgabe*, Band Ⅳ ,1, Berlin 1976, S. 183 – 212.

在关系的**逻辑**结构，**精确地**对应于镜子与映射物之间关系的**逻辑**结构。

那个在镜子中正映射着的存在者，即映射物，是一个独立于映射过程的物质性的可见物，更确切地说，是一种诸多事物的复合体，因为它不是孤立的，而是始终在某个"环境"中、在"空间"中、在某个"视域"范围内出现。映射物的存在，也就是物的**在场**，是映射的前提，无论是过去的物还是未来的物都无法以此展现自身。而那些被映射的东西，必须是实存的。尽管被映射对于可见物而言并不是必需的，但能够被映射对于它而言则是与其本质相符合的，即从原则上讲，它是可以被映射的。如果我们将这种表述中的术语"可见物"替换为术语"存在"，将"映射"替换为"思维"，那么我们就获得了对思维和存在关系首个环节的特征描述，而这种特征描述展现了一种关于存在的确定的，也就是唯物主义的理解：关于思维的独立性、在场性、可思维性（可认识性、合逻辑性）。

这种二元关系的另一面也符合这种对应：镜子作为镜像形象的载体——如同大脑作为思维的载体——自身是一种物质存在者，当然也是一种被赋予了其他物质存在者之各种虚假摹本所产生的特殊属性的存在者。镜像形象始终是由镜子的位置来定义的：不是整个对象，而是只有朝向镜子的那一面才会被映射——而且由于镜像形象是虚假的，我们也不能绕过它来了解它的背面。镜像形象不显示的内容，对于它而言也就是不存在的。这种表征必然是不完整的、"单方面的"，同样也是镜子就周围环境所展示的片段，这种片段取决于镜面的边界。最后，如果镜子到映射物之间并不是平面平行的（planparallel），而是呈现出倾斜的状态，那么镜子就显示出映射物的偏移。又或者镜子的表面是拱形的,并使对象歪曲变形。简而言之,虽然镜子会产生一个物体自身的形象,但这是一个处于镜子的视域之中的形象。①

对于镜子来说,**作为**镜子必然能够反映某些东西,但是镜子究竟反映了什么样的东西,对它来说则是偶然的,正如同对于思维来说,能够思维某些存在的东西是必然的,但是其所思维的究竟是具有这些确定内容还是具有那些确定内容则是偶然的。镜子既是一种物质性的东西,同时也是其他物质性的东西的虚假摹本的承载者,就像思维自身既是存在者同时也是存在者的表征一样。镜像形象的依赖性、虚假性、视域性,镜像形象的载体也就是镜子的物质性,都是镜像关系的摹本方面的标志。而最后起作用的是:如同镜子与被映射物之间的区别对于镜子来说是镜子的自身区别一样,思维与它的内容之间的区别对于思维来说同样也是思维的自身区别。②

（存在思维的必然的唯心论）如果现在我们说,**镜像的逻辑结构**以精确、可确定的方式对应于**思维与存在关系的逻辑结构**,以至于我们能够将这种并不直观的关系通过一种必然的隐喻的方式作为反映而表征出来,那么,我们就已经基于哲学基本问题表明了反映定理对哲学合法地位的建构性作用。**哲学是镜像思维**——不仅仅是作为反映的思维（Denken als Widerspiegelung）,这在所有思维

---

① 对莱布尼茨来说,视域性已经是被思维成对世界的反映的这种单子的个体化规定性了。

② 这也许就是术语"设定"（Setzen）的精确含义,就像它在德国古典哲学中的主流含义一样。

中都是如此,而是对反映的思维(Denken der Widerspiegelung),也
就是对思维的思维,对反思、反映的反思。如果在对思维的思维过
程中,存在与思维之间的区别**在逻辑上**被证明是思维的自身区
别——并且除此以外它根本**展现**不出其他什么东西——那么思维
也就成为对存在有着决定性意义的普遍物。① 这里体现的是对哲
学基本问题的唯心论回答。尽管这种唯心论会在实践经验中与个
体对象打交道时出现——这种"自然的世界观"是与任何一种先验
的建构理论都相矛盾的;但是,能够转入思维自身给出的思辨之超
经验对象的这种辩证必然性,在任何情况下都会恢复形而上学层
面的唯心论。正是由于没有哪种哲学,也没有哪种唯物论能够避
免强制的思辨,如果哲学不愿意处理经验主义与实证主义的疑难,
那么对于对象设定(Gegenstandssetzung)**以及**反映特征的唯心论
之必然性进行理论澄清就是正确理解哲学基本问题的前提,其中,
这种反映特征被归于唯心论,并且这种特征使它在唯物论视角上
成为可逆的和可解释的。

　　(哲思主体的视域性)由于当反映定理被应用于哲学自身时,哲
学在其中表现为对反映关系的表达——即便它并没有清楚认识**作
为这样的**反映关系——哲学知识的原则也被揭示出来:哲学的起
源与地位就是决定其对世界采取何种看法的哲思主体。主体对客
观性的这种特殊看法通过思维被表达出来。因此,思维自身在哲

51

———————

　　① 参见 Josef König, *Sein und Denken*,出处同前,§16;参照 Hans Heinz
Holz, *Josef Königs Beitrag zu einer spekulativen Logik*, in: ders. (Hg.),
Formbestimmtheiten von Sein und Denken,出处同前,S. 13 - 40。

学中就成为思维的对象,并且显现为由哲学思维所反映的现实。①从表面上看,这意味着思想就是与哲学相关的现实。但是,如果思想本身被理解为它以外的实存着的各种物质性事物和关系的镜像形象——也就是说,映射是现实存在者的现实关系,而思想则是这些关系的功能——那么世界就重新接手它在本体论意义上的长子继承权(Erstgeburtsrecht),并反过来作为一种在思维中产生的必然假象被揭露。这就是镜像假象:虚假的东西显现为原初的与真实的东西。那么,通过哲学基本问题中的反映定理,将思维的存在以及存在的思维的重叠的双向解释作为镜像关系的必然歧义性展现出来,并且相对于唯心论中思维的逻辑-认识论的优先性——这种唯心论,如同埃德蒙德·胡塞尔(1859—1938)所阐释的那样②,在前后连贯的情况下是绝不可能打破唯我论(Solipsismus)的外壳的——在唯物论层面上为存在的本体论优先性**奠定**牢固**基础**,使得先验的假象被解除,并使唯心论哲学在其视为基础的实在内容上,也就是它的反映内容上变得可以有条理地被追问。装备了反映理论这种工具的辩证唯物论并不需要放弃古典唯心论哲学的遗产;这种辩证唯物论可以破译出源自这些遗产的镜像文字。

---

① 从这里已经可以看出笛卡尔对新哲学的意义。

② 参见 Edmund Husserl, *Cartesianische Meditationen*, in: *Husserliana*, Band 1, Den Haag 1950, S. 41 - 183。

反映定理的世界模型

反映定理勾画出了一个由此可以把握思维与存在、精神与自然之间关系的模型。以唯物论的"自然世界观"为基础的、对哲学基本问题的认识论回答的可靠性,只有在其模型是从存在者间相互联系的、以本体论方式形成的系统之中被引导出时,才能够成为认识论的坚实基础,而就这种相互联系而言,思维着的存在者与处于总体之中的存在者,即与世界之间的关系,也只是其中的一种特殊情况。如果没有一种涉及全部关联的理论,那么对于存在与思维之间关系的任何断言就都不会有足够充分的理论基础。

(世界模型的出发点:总体)毫无疑问,如果我们想要从个体逐渐上升以达到总体,那么是不会获得以上述理论为基础的原则的。因为各条件或根据的链条并没有导向某种第一和总体,而是处于一种只能任意或偶然地被结束的无限复归之中。然而,这种结束

53

本身可能只是个别的东西,并且像是任意的一样不可理解。① 整体的合理建构不得不从全部相互联系的**观念**开始——这种观念作为先验的东西,展示了包括实践经验在内的这些经验之所以可能的条件——并且为了在尚未确定的总体上使该总体之差异性的形式规定以及由此产生的多样性原因能够显现出来,就必须发展出个体的联结原则。因此,在一个辩证的世界模型中,实体的复多性必须与世界的统一性紧密联系在一起,如此才能使总体表现为作为总体之条件的、它的每一部分个体性的基础。

(作为样本的莱布尼茨的单子模型)莱布尼茨第一个注意到,如果在相互制约的普遍性中,恰巧出现了其自身必须能被理解为条件之间相互联系的一般性的某种要素的**个体原则**(*principium individuationis*),那么在每一个体之普遍的相互制约性系统中的这种要求只有借助于所有其他部分才能得到满足。他将这种原则定义为拓扑学的一种原则:每一个个别的实体都是在其个体性中通过该实体所处的位置才被确定下来的,并且不同位置之间的差异也就意味着各实体间质的差异。这种模型是作为反映的交互关系而被构想出来的单子体系,在该模型中,拓扑学意义上已奠定的实体复多性凭借来自运动形式的条件整体性之本体论意义上的一般性得以解释。以一种简洁的方式来说,每一个个别的单子都映射着整个世界,而且是以遵循着每个单子各自所处位置的视角来映射的,以至于所有单子都同样通过存在者整体的实在的(reale)一般性而被确定,这保证了世界的统一性——并且每个单子仍是

---

① 中世纪的上帝证明就是徒劳地尝试摆脱这种两难境地。

经由在其下描摹所有其他单子的这种特殊视域而与一切单子区分
开来,这也就构成了每个实体不易混淆的个性。"所有创造物对其
中每个单独事物,以及每个单独事物对所有其他事物的这种联系   54
或者适应,使得每个单纯的实体进入表达所有其他事物的关系之
中,并且使它因此成为宇宙的一面持久的生动的镜子。就像从不
同的角度观察同一座城市就会显现出完全不同的样子,就仿佛是
由于这些不同的视角而出现了许多个城市一样,相似的方式又发
生了如下情形,由于单纯实体的无限多的数量似乎就有了同样无
限多的不同的宇宙,然而这些宇宙也只是遵循着每个单子的不同
观察角度而形成的那些个别视角的宇宙。"①

　　不难看出,莱布尼茨-模型在本质上是与辩证唯物论的辩证概
念相吻合的,尤其是与弗拉基米尔·伊里奇·列宁(1870—1924)
对黑格尔《逻辑学》所做摘要中的辩证法 16 条要素相一致。② 我
从中列举出涉及全部关联的那些观点:"2. 这个事物对其他事物的
多种多样**关系**的全部整体……。8. 每个事物(每个显象等)的关
系不仅是多种多样的,而且是一般的、普遍的。每个事物(显象、过
程等)都是与**任一事物**相联系着的。"③事实上,列宁已经在《唯物
主义与经验批判主义》中反对英国实证主义者卡尔·皮尔逊(Karl
Pearson)(1857—1936)并说明:"然而,假定一切物质都具有在本

---

　　① Gottfried Wilhelm Leibniz, *Monadologie*, in: *Kleine Schriften zur
Metaphysik*, 出处同前,§ 56 和 § 57。

　　② 参见 Hans Heinz Holz, *Zur Dialektik in der Philosophie von Leibniz*, in:
Deutsche Zeitschrift für Philosophie 3/1954, S. 549 - 555。

　　③ Wladimir Iljitsch Lenin, *Konspekte zu Hegels »Wissenschaft der Logik«*,
in: *Werke*, Band 38, Berlin 1964, S. 213。

质上与感觉相近的特性,即反映的特性,这是合乎逻辑的。"①托多尔·帕夫洛夫(1890—1977)合理地强调了这个意见:"列宁的这种观念有一个巨大但其价值仍很遗憾地未被充分认识到的方法论意义……"②帕夫洛夫随后继续解释:"……选择一种方式,在该方式中每一个个体的对象性作用都被认为是一般的交互作用的显象,更准确地说,被认为是自身发展着的统一性的和处于显象的多样性之中的无限自然的显象,或者是出自每个对象内部作用的显象形式,从其自身而言,这种对象被解释为自然总体的一部分,因此在其内部深处包含了'**自然总体的本质**'(列宁/狄慈根)。"③由此可以得出以下结论:"被理解为与外部反射(反应行为)相区别的内在反映的这种反映,是所有物质事物的运动、变化和发展的各种形式之一,而这些物质事物就代表着'自然总体'的有机组成部分:倘若'自然总体'的各部分没有隐瞒自身深处的'自然总体的本质',那么就不存在没有其各部分的'自然总体',同样的,这些'自然总体'的各部分就其自身而言将不能实存。"④

① Wladimir Iljitsch Lenin, *Materialismus und Empiriokritizismus*, in: *Werke*, Band 14, Berlin 1962, S. 85.

② Todor Pawlow, *Die Widerspiegelungstheorie*, 出处同前, 第 72 页;参照 Hans Heinz Holz, *Todor Pawlow (1890-1977)-die Universalisierung der Widerspiegelung*, *Deutsche Zeitschrift für Philosophie* 3(1990), S. 245-254。

③ Todor Pawlow, *Die Widerspiegelungstheorie*, 出处同前, 第 77 页。

④ Todor Pawlow, *Die Widerspiegelungstheorie*, 出处同前, 第 78 页。

反身的唯物主义

"正常状况"说明了被构造成一个关于作用的普遍性反身体系的这种世界模型所具有的协调性,就是行动与反映相互配合。这也被称作"实践的标准"。"……在这里,思维中对象的反映理论被最清晰地呈现出来:事物实存于我们之外。我们的直观与表象就是事物的各种摹本。这些摹本通过实践的检验,将那些正确的摹本与不正确的区分开来。……当然,这里不能忘记的是,实践的标准在事物本质上永远不能**完全地**证实或驳斥任何人类的表象。"①

(机械论的唯物主义)在列宁之后,这里需要进行区分:在以实践的标准所做的机械论-唯物主义的说明之中,反映原则的认识论有效性是经验性地被断言的:人们能够依照各种目标(即基于意识内容)在意识之外成功地影响世界的对象与事态这一事实,**论证**其自

---

① Wladimir Iljitsch Lenin, *Materialismus und Empiriokritizismus*,出处同前,第 103 页和第 137 页。

身所产生的表象的正确性。当然,这种简短表述中的思想是错误的。科学史表明,存在着足够多的案例,在这些案例中,这些目标能够在事态的解释模式错误的前提下被成功实现;行为导向的表象与事态之间的关系更加复杂,并且恰好无法以摄影式的描摹方式被理解。

(论证与证实①)因此,当人们以实践来论证某种理论的这种说法被理解为一种形式逻辑的论证形式时,那么这种说法在逻辑上自然是荒谬的,这毋庸置疑。恩格斯其实也曾更多地在英国谚语所表达的民俗意义上来理解这一点:"布丁是否美味的证据在于品尝。"更具体地说,这其实是对实验与工业的提示:我们以对其实存所必需的认识条件为基础所能够产生的那些东西,我们也为它们提供了与之相对应的概念。当然,这在**严格意义上**只适用于定义明确的有限对象领域和事态。但是,德语为我们所要做的进一步陈述提供了语义上的回旋余地。在不违反逻辑精确性的情况下,可以说,理论的正确性是在实践中**证实**的(只要该理论的行动指示与预测都是其固有的或是从其自身推导出来的)。"证实"并不意味着一种逻辑示范,而是一种经验,所谓的"实践的标准"也正是针对这种经验的。然而,它的认识与行动理论的有效性已经假定了,理论并不是理智的自由、随意的建构,而是从对象关系中得出的。镜像隐喻就应当描述这种对象关系的结构。在反映定理中,这种描述被扩展到普遍的存在关系,并且将这种存在关系显示

①　译者注:作者在原文中对"Beweisen"和"Erweisen"的前缀进行了斜体标注;其中"Beweisen"以"be-"为前缀,强调证明行为本身,译作"论证";而"Erweisen"以"er-"为前缀,强调证明行为的结果,译作"证实"。

为属于某种内在的世界解释这种世界模型的先天形式规定性。这
种处理方法并不是循环的,但在莱布尼茨所提出的含义上大概是
公理性的,这种"第一原则"或者公理有如下特点,"能够被它们所
证明的是,首先,对它们自身的证明是不可能的;其次,所有其他命
题都依赖于它们"①。

　　在反映定理之上构建的世界模型,并不需要那种涉及其公理
的初始设定的其他奠基要素。因此,它对于唯灵论的创造性假设
而言并不是中性的,而是使其变得不必要。运动是一个表现为实
体的、多重变化的世界所固有的,对它的解释不需要某个"最初的
运动者"。这种"最初的运动者"可能会在概念上令人信服的哲学
理由之外被"相信",但是在科学世界观的背景下仍然是无关紧要
的。思辨的形而上学已经摆脱了它的神学负累,而且也消除了由
思辨神学的混合结构造成的污染。②

　　(思维的建构模型)然而,理解和使用反映定理的关键在于,不
把它看作是**以描摹的方式解释**世界的神学或唯灵论学说的某种唯
物论替代品;否则,它的唯物论本身就会是唯心主义的。反映定理
其实是一种针对表达方式的结构模型,在这种表达方式中,超经验
的现实——恰好**作为世界**的世界总体——能够被思考。唯物论的
关键在于,避免世界-**形象**的观念性,在物质形象性中将建构世界

①　Gottfried Wilhelm Leibniz, *Opuscules et fragments inédits*, ed. Louis Couturat, Paris 1903, S. 183.
②　当然镜像隐喻——作为隐喻——也同样一直被用于唯灵论和唯心论的语境中,我甚至把它描述为一种"宗教的原始象征"(参照 *Vortrag beim Kongress der Deutschen Gesellschaft für Religionsgeschichte*, Marburg 1953)。但是我认为这可以展示出,同样是在这种用法中,一种隐秘的唯物论视域产生了,而这种视域导致了理论结构中无法解决的紧张关系。

的做法以概念的方式进行说明。这是通过隐喻来完成的,这里的隐喻并不是一种辅助结构,而是一种感官不可经验的感性激发。它将存在与思维的关联表述成呈现于我们面前的物质关系。这种关联并不是像同一命题①那样是**真的**,而是像这种认识一样是**自明的**,即确定的一包含着不确定的二②,或者说,一条边有两个面。反映定理不是教条,而是思维的程序性指导。它勾画出了一个示意图,说明了以有限杂多为出发点的无限杂多的整体是如何能够被构建出来的。

58

(思维的视域性)就这点而言,形而上学是与艺术相关的。每件艺术品都是表达事物本质的物质关系的示意图。但这种本质可以通过多种多变的方式来表达自身:《芥子园画传》中的苹果,阿佩利斯(Apelles)画的苹果,荷兰静物画家所画的苹果,塞尚画的苹果——没有哪一个苹果是处于优先地位的,每一个苹果都在其他方面展示了这种果实的精髓。反映定理不仅描述了必然的视域性,而且其本身就是一种出自某个视域的描述。再次提到莱布尼茨:绕行一座城市的漫游者,在城市中的不同位置看到了城市中建筑物的不同顺序;其侧面轮廓每次都是不同的,但这始终是同一座城市。③ 这种**观点**(*point de vue*)是相对的真的指数(Index)。

一个镜像形象始终是有视域性的,因而镜子朝向映射物时就

---

① 莱布尼茨:**同一即真**(*identica sunt vera*)。

② 对此参见 Platon, *Philebos*,此篇从 24a 起解释了对立的定理。

③ 对此参见 Gottfried Wilhelm Leibniz, *Kleine Schriften zu Metaphysik*,出处同前,第 465 页。

是出于其所处的位置。它显示了"事物本身"①,但不是自在的事物总体,而是一个视图(Ansicht)。根据镜子的位置和表面状况,可以用更小或更大的扭曲将它再现。但镜子总是只能映射在世界中被给出的东西,没有世界之外的可能性。② 而镜子所造成的扭曲也是对现实的扭曲,并且分享着对象性的真。这就是隐喻的认识论和意识形态理论的方面。

反思的视域性是一种确定的关系,其确定性是建立在关系环节的物质性以及观点的物质位置的可确定性之上的。但是,关系本身及其以关系概念的形式所进行的表达,是物质的诸多世界点(Weltpunkten)相互依存顺序的理想结构。因此,反映概念要求物的实在性(实体性)和非物的联系特性(结构性/功能性)之间关系的一种确定。

(行为和关系)映射始终是一种独立于自身映射行为的**关系**。一种关系被行为上彼此相关的存在者介入,以至于这种关系自身就必须被理解为对一种**行为**的"表达"或"映射"。然后,映射就是在它之中每一个行为都会被凝结成关系的那种形式。通过描绘所有关系的先天原初形式的那种基本关系所具有的结构,物质行为(作为……的行为)和精神关系(作为……的行为示意图)的原初统一性,即这种具有决定性意义的行为的物质性特征和这种与此同时作为物质关系的关系才得以被阐明。这意味着,实践是物质关

①　Klaus Peters, *Sehen wir im Spiegel das Ding selbst?*,出处同前,第43—45页;及各处。

②　让-保罗·萨特已经在电影剧本《游戏制作》中使用了这种主题:一个死者没有镜像形象。

系的存在形式的来源。

（关系的物质性和观念性）物质关系不再是仅仅通过那些借助于对物的客体所做的提示就可以在感官层面被满足的各种项（Termen）来表达。各种关系仅在隐喻式的感性层面是可描述的；我无法展示一个奴仆对他的主人的**依赖性**，但是我可以观察从树上垂下来的果实并以之作类比：就像挂在树枝上的苹果一样，A 有赖于 B。但是，这种依赖关系仍然是精神性的，它和苹果挂在树枝上所体现出的物质方式不同。尽管如此，奴仆对主人、负债者对债主等的依赖性是一种物质关系——这就说明，这种物质关系也不能通过扬弃依赖性意识而被消除——而物质要素与精神要素相重叠，并将后者作为一种**与它相反对的方式**囊括起来，这也就是马克思通过将黑格尔的"决定性的普遍要素"应用于现实世界而获得的认识。在物质关系的概念中，物质性与精神性之间的二分法被扬弃，精神物其自身就是物质关系的一种要素：神话和法律规范、道德和美学价值、抽象概念与共相都有着与物的物质性相区别的物质特征，分别是，受物质条件所限的、产生着物质事态的，以及处于物质的全部关联之中的诸要素。这些要素在其中发挥作用的社会上层建筑，并不只是一个单纯的假象，而是社会存在的真实组成部分。

（所有存在者的对象性本质）在这个含义上，镜像关系是处于各种物质的东西之间，也就是映射物与镜子之间的一种物质关系，而镜像形象的"非物质性"现象就产生于这种物质关系之中。这种反映模式表达了世界在其物质性上的统一，就如同凭借着对立要素的决定性特征，在面对其他要素时将这种统一的辩证结构描述为对立面的统一。

作为一种在其中的每一部分都表达其他各部分物质关系的对世界的理解——或者说在它的特殊性中以及通过它的特殊性来映射——反思被认识为是对每个存在者的确定存在而言的根本条件。每个存在者都通过"设定"其他存在者来"设定自身",也就是说,体验它与其他存在者相对立的"特有存在";它的特性通过对其他存在者的抵抗而显露出来,再从作为外部反思的其他存在者回到每个存在者自身,并且恰好将它确定为这个存在者(而不是其他存在者)。黑格尔将反思的这三种要素分别揭示为设定的反思、外在的反思和进行规定的反思。反思关系因而并不包括必然意识,而是物质的运动形式的一种普遍结构。这种结构是每个关系的形式确定性,并且在该关系之中,一个存在者影响着一个其他存在者,也就是它的"对象"。我们说,存在者的本体论状况作为存在者[**我们是谁**(*ens qua ens*)],就是进行"对象性活动",而且这是相互的,从而使每个存在者反射每个存在者,并以最大的明晰性反射每个存在者的直接对象,且在这个反思中得到它的本质规定。这种机械的抵抗就像植物的向光性、动物的本能行为、人类的自我意识与目的性一样,是一种反思关系——刚好只在物质的不同组织阶段。在马克思看来,普遍的反思性被塑造为**每个**存在者的"对象性本质",这种反身的关系性是每一个个别存在的基础。马克思毫不怀疑,通过其对象性本质,这个世界上的每一个存在者都是其所是:"太阳是植物的**对象**,一种它不可或缺的、保证其生存的对象,与此同时,植物作为太阳激发生命的力量以及太阳对象性本质的

61

力量的一种**外在表现**,因而又是太阳的对象。"①

　　这种例子是可以随意补充的:地质断层、岩石侵蚀、水和空气的温度交换就是出自无机自然的明显实例,而在生命开始的时候,偶然的如此-存在(So-Sein)的决定因子就逐渐变为必然的对象指向性。如果没有东西是像它这样的话,那么它就不会借助于在其之外的其他存在者,而得以回到其自身。这是存在者最普遍的本体论状况,始终在联系之中存在并因此最先通过一般的对象性规定而存在。前文所引用的马克思文本的背景,清楚地证明了接下来的句子是一种在本体论的一般意义上的:"一个在自身之外没有它的自然界的存在物,就不是**自然的**存在物,并不参与自然的本质。一个在自身之外没有**对象**的存在物,就不是对象性的存在物。一个其本身不是第三个存在物的对象的存在物,就没有存在物作为它的对象,也就是说,它处于非对象性的状态,它的存在不是对象性的。而非对象性的存在物就是**非存在物**。"②帕夫洛夫在这里也很清楚地说明:"因此,没有外部反应的客观真实的物体就不会客观真实地实存;没有外部反作用,客观真实的物体就是不可想象的。当它作为个别物体并没有在与它的外部反应的相互联系中发展出在其中反映着对它产生影响的其他客观真实的物体的内在情况时,它也就同样不可能实存并被想象为自身发展的自然总体的一个特殊**部分**。当然,**反映**由于其形式以及程度的差异而存在不同,它发挥着不同的作用并且在不同的物体中有着不同的意义。

---

　　① Karl Marx, *Kritik der Hegelschen Dialektik und Philosophie überhaupt*, in: *Marx-Engels-Werke*, *Erg.*-band 1, Berlin 1968, S. 578.
　　② 同上。

在胶质(有机的和无机的)中,它就好比一种与晶体、原子和电子相比较的其他的东西。反映有其**特殊的**实存形式,这些形式在不同的物体和不同的发展阶段是不同的。"①世界就是普遍的反思系统,这是与自然辩证法相适应的本体论状况。

人与世界的关系,也就是人通过劳动"与自然的物质变换(Stoffwechsel)",是作为一种反思关系或反映关系的那种普遍物质关系的一个要素。如果将人类活动和知识同自然的存在方式割裂开——它存在于一种对**我思**的认识论的先验回归中,存在于一种有关劳动成果的宪法理论(konstitutionstheoretischen)的解释中——那么主体性就会变成一种无法解释的、脱离世俗的**奥秘体**(*corpus mysticum*)。然后,世界的统一性要么分裂成二元论的,要么其实在性就必须仅仅作为唯心主义的主体设定而被根除。

①　Todor Pawlow, *Die Widerspiegelungstheorie*,出处同前,第79页。

对象性活动与反映

（理论与实践的关系）如果反映定理最初应当被发展为本体论的而不是认识论的，那么在该定理中就应当考虑到而且必须考虑到理论与实践的关系，这一点也凭借着反思结构的奠基作用而暗含在对象性活动之中。但是，反映的结构是一种基于一个事态类型的抽象，它作为类型是以许多作为其共有物的个别事态为内容的。在古典哲学的语言中也可以说，这种结构是一种**共相在事物中**（*universale in re*）。反映范畴作为对某种真实关系的抽象是一种"思想物"①，并且对反映结构的阐明是理论性的，也就是在概念形式中对某种现实事态的解释。哲学根本不能处理其他的，哲学**是**解释。马克思《关于费尔巴哈的提纲》中的第 11 条也没有说哲学不应该或不可以是解释；它更多地促使人们关注的是，哲学可以不

---

① 参见 Hans Heinz Holz, *Was sind und was leisten metaphysische Modelle?*，出处同前。

只是解释,因为哲学作为一种有计划的对象性活动——也就是实践——的一个不可缺少的因素参与了人的直接存在方式,实存于和自然的"物质变换"之中,并由此改变世界。《关于费尔巴哈的提纲》中的第 11 条批判了这种假象,即理论将自身理解并建构为一种缺乏对实践关系的结构性澄清的理论。

(对象性活动与实践)通过在交互"表达"的普遍性和行动-反应的交互作用中将对象性活动理解为一种关系,这种关系能够通过映射的形式规定性在各关系环节("双重反思")之间的两种方向上被描述,那么反映就成为表达理论与实践的统一性的范畴,并且它通过辩证状况而被实践规定。所有存在者处于相互映射着的状态,是所有实践的可能性的形式条件以及对象性活动的真实存在方式。此外,我想区分对象性活动与实践:"对象性活动"是适用于每个存在者的模式的类概念,并且这些存在者都处身于就像是世界一样的普遍交互作用的相互关联之中;而"实践"则表示一个有着目标**设置**的对象性活动的种概念。也就是说,实践包括对"对象性活动"这种反思关系的反思,它发生在对反思的反思这种派生层面上。①

(人的本质存在)人的"对象性活动"是每个存在者的对象性本质的格外特殊的模式,并且因此可以在自然的普遍辩证法之中以本体论的方式被奠定基础,这也并未说明,人的实践**对人来说**是属于经验领域的,在这个经验领域范围内,人不仅建构了他**与世界的真实关系**,也建构了作为全体相互关联的**一般的世界的理念**,而这

---

① 在此,目的论问题在一种辩证的理论关联中全部再现出来。

64 种全体相互关联将他自身作为世界的部分包含起来。对本体论以及宇宙论各种关系的系统说明仅仅是"生活世界的"经验的结果，这种经验并不是在理论建构中，而是在与世界的活动性"交叠"中产生的。在将我们与我们之外的世界联系起来的感官经验中，我们与我们自己总是最接近的。我们在我们身上（an uns）感受到阳光的温暖和霜冻的寒冷、雨水的潮湿、伤口的疼痛，我们在我们身体内部（in uns）感觉到饥饿、口渴和性欲。就是这些需求，在这些需求中我们感到自己就是我们世界的中心，并且这些需求同时也将我们与周围的环境联结起来。在这种环境中，我们最先面临的重要问题就是满足需求。人与自然的物质变换最初只是一种生物学事态，这种事态仅仅产生于从历史上人类的产生到社会-文明意义上的人类形成的进程之中。只有在这个变化过程中，人才能将作为整体的世界或者说他自身所包含着的现实性对象化。但是，由于人对于其自身而言就是最优先的，因而人总是以自然的经验根据作为出发点。①

对人来说，他自身是确定无疑的，这也就是"我是"（ich bin）的证据。人通过他的各种需求发现自己，他为满足这些需求制定了目标，但这个我（das Ich）的这种主体优先性恰恰证明其自身是一个假象，这个假象在现实中通过外部世界，通过自然将我的这个我、我的主体性的产生作为它的基础——因为我是我所是的东西，只是作为对象性存在物或者自然存在物。列宁对此补充说："实际

————————

① 有一种关于世界敞开性（Welterschlossenheit）的"客观的先验结构"，并且该结构在实践关系中变得清楚明白。

上,人的目标是通过客观世界而产生,并以它为前提的——将它视为被给定的、现存的。但**这在人的观点看来**,他的目标来自世界之外,是不依赖于世界的(自由)。"①然而,我并不是在纯粹的认识关系中,而是在满足我的需求的活动中体验到了作为自然存在物的我自身的局限性:物质的抵抗性、我的力量的自然局限性、自然法则的有效性共同构成了我的目的必须与之相联系才会成为可实现的诸参数(Parameter)。因此,我在实践中体验到,那个看似主观的东西,也就是我的目标,是自然的客观实在性以及我与自然的关系的一个反映。"理论认识应该在它的必然性中,在它全面的关系中,在它充满矛盾的运动中,自在、自为地给出客体。但是,只有当人类的概念在实践意义上成为'自为的存在'时,这种概念才能领会、掌握认识的这种客观的真,并且随后获得对这种真的'最终有效的'把握。也就是说,人的、人类的实践检验着认识的客观性,也是检验认识客观性的标准。"②

(作为高等生物行为方式的模仿)格奥尔格·卢卡奇(1885—1971)在他的审美基础上,曾为出自人或者说高等生物的自然行为方式的**有意识**的反映,寻求一个远远超出艺术特性的根源。模仿是"每种高度组织化的生活的基本事实",这仅仅意味着,"将对某个现实现象的反映转化为自身的实践"。③ 模仿的前提是存在物对世界的"封闭的立场"。其特征在于,生物"在一个为它所攫取的

① Wladimir Iljitsch Lenin, *Konspekte zur »Wissenschaft der Logik«* ,出处同前,第179页。
② 同上,第203页。
③ Georg Lukács, *Die Eigenart des Ästhetischen* ,出处同前,第352页。

环境或所面对的关系中"生活①,因此它必须将它对世界的适应转
化成它自身的行为。当然,人们可以从更广泛的意义上说,被另一
块滚动的石头碰撞而开始滚动的这块原本静止的石头是处于模仿
的状态,但是有着被动形式却含有主动意义的代词(medialen
Pronomens)的这种非真实性——这块石头并不是**自身**处于某种
状态,而是被动地因循被传递给它的推动——已经表明,这里存在
一种学习过程的结构性差异,例如和那些幼年的动物的学习过程
相比存在的结构性差异。通过模仿来获得行为方式是一种虽然还
不必然有意识,却总是以意识为中介的在一个对象关系中的反映。
这种在交流中形成的更高的抽象水平向所有人指明了一个在模仿
中产生的基础。② 卢卡奇的研究导向了一条道路,即如何能够将
处于认识论背后的反映概念回溯到它的人类学起源上去。

　　模仿是一种在人类产生之前就已经存在的行为现象,这种行
为现象在人类之中通过向自身附加距离(对处于"离心的立场"的
反思的反思)而成为有意识的反映,也就是认识。

　　(人类世界关系的五个阶段的构造)人的世界关系的展开发生在
一种"多阶段"结构之中:1. 在被自然身体所定义的第一个阶段
上,人作为一种被赋予各种生物学需求的存在物而实存,他在直接
活动中满足这些需求,并且通过他的行为在欲望与享受中意识到
他自身。在这里,他的活动对象是自然对象。在个人的各种需求

66

---

①　Helmuth Plessner, *Die Stufen des Organischen und der Mensch*,出处同
前,第 240 页。

②　参见 Georg Lukács, *Probleme der Mimesis I. Die Entwicklung der
ästhetischen Mimesis*, in: *Die Eigenart des Ästhetischen*,出处同前,第 352—377
页。

之中,也反映着人类的类的规定性;在人类的直接的或者通过单纯的工作手段的方式中,所获得的满足映射着各种自然对象的物质特性。2. 在人的自身经验中,这种对自然的反映是需要的、目标设定的和积极的——并因此在目的上是自我决定的——在主观上导向了人同世界的关系(在认识中)的规定,在客观上通过"中间对象"①导向了对满足需求的手段的系统训练,并由此导向各种直接的和派生出的需求的一种等级制度。② 在意识中和在诸中介的组织性的(institutionell)客观化体系中,不再仅仅是自然对象的物质特性的自身映射,而且也有人类对他们自身实践行为、对生产与交往形式的自身映射。自然在这里是对原始的自然与加工的自然的复合后的现实。3. 如此,反映内涵就在对自然的反映和对自身已包含反映的自然关系的反映这双重层面上,作为人类实践的客观化而得以显现出来。就主体而言,就产生了在面对自然时其目的设置与独立行动力(Selbstständigkeit)都是自律的这种假象。然而,人类在面对自然时所提出的统治性要求在实践中经常受挫于物质对象自身固有的规律性。而在对这种挫折的反应上,人要么在顺应自然时借助科学研究的方式,要么借助意识形态上的,比如神话、宗教和哲学的解释模式。两者都是对反思关系的或正确或

67

---

① Vladislav A. Lektorskij, *Subjekt-Objekt-Erkenntnis*, Frankfurt/Main 1985;中间概念(Mittelbegriff)也可参照 Christoph Hubig, *Mittel*, in: Bibliothek dialektischer Grundbegriffe, Bielefeld 2002。

② 参见 Georg Wilhelm Friedrich Hegel, *Vorlesungen zur Philosophie des Rechts*, in: *Werke*, Band 7, ed. Eva Moldenhauer und Karl M. Michel, Frankfurt/Main 1970, §§ 189 ff.;对此参照 Hans Heinz Holz, *Werte und Bedürfnisse*, in: Verband Deutscher Ingenieure (Hg.): *Maßstäbe der Technikbewertung*, Düsseldorf 1978, S. 107-132。

扭曲的反映形式,如同它们在人类的世界关系发展的第二个阶段中所显现出来的那样。4. 对主体-客体理论中多阶段进程的这种有意识的描摹,允许将人的自我认识作为一种存在物,而且这种存在物的主体性是在对各对象以及关于各对象的特有活动关系的反思之中确定下来的。5. 在人类所创造的产物中,对在反思的重复中变得越来越复杂的这种多阶段的世界关系的塑造,就发生在科学的理论建构以及技术制造物与艺术品的制作中,但是每次都遵从其自身的生产条件、程序规则以及成功标准。科学、技术与艺术在这个意义上就都是作为投影(表达),也就是说,作为对现实的反映的那些特别的"人造世界"。

　　总而言之,在将现实构造过程自然地进行了类型学简化后的这种派生图式中,反映的这些阶段被理解为为了显露有意识的反映而出自存在者之间普遍联结的、关于对象性活动或实践的途径的模型。事实上,在马克思主义哲学——这种唯一系统使用了反映概念的哲学——之中的反映模型的范畴结构,直到最近这些年也没有得到充分的研究。因此,这里所给出的摘要同时既是一个草案也是一个研究计划。

68　　(通过实践被证明的反映定理)在这个摘要中,列宁的命题"人的意识不仅反映客观世界,而且也创造客观世界"[①]也随之获得了一种不再被误解为唯心论的含义。从需求满足的第二阶段起——而且仅仅是真正的人类需求满足——人就并不是如同发现了自然一

---

① Wladimir Iljitsch Lenin, *Konspekte zur »Wissenschaft der Logik«* ,出处同前,第 203 页。

样单纯地接受自然,而是改变自然,生产新的对象和关系。"这个
概念(＝人)再次将一种自在存在着的异在(＝独立于人的自然)预
设为主观的。这个概念(＝人)是一种能够意识到自身、能够通过
自身处于客观世界的客观性给予自身并使自身现实化(完成)的欲
求……。由于这种实践观念(在实践的领域上),这个概念在面对
现实事物时就能成为现实的(有效的?)……。也就是说,世界没有
满足人,而人决定通过他的行动改变世界。"①但是,"这个'客观世
界''以自己的路线运行',而将这个客观世界置于自身面前的人的
实践遇到了其目标'在执行过程中的阻碍',甚至这种执行都变得
'不可能'……。"②因此,一方面,工作主体,即历史性的人或者说
是作为类的人,在事实上**自为地**成了世界的中心——而这也完全
符合在一个以拓扑学方式划分的反映系统中的人的客观情况,并
且在这个系统中,每一个点都能是某个无限领域的精神上的核心。
另一方面,人证明自己是受整个无限世界所制约的,并且人与世界
之间,乃至于与所有其他存在者之间只有一种被其所处位置所决
定的视域性关系。

如果说在一个自然辩证法体系中的反映定理最初只是作为一
个模型被有条理地引入——而莱布尼茨自始至终也只谈及某个具
有最理想解释价值的"假定"——那么通过对实践的重提,就使得
作为经验立足点的对这种模型的建构,以及来自这个我的原本自

---

① Wladimir Iljitsch Lenin, *Konspekte zur »Wissenschaft der Logik«*,出处同
前,第 203 页和第 204 页。

② Wladimir Iljitsch Lenin, *Konspekte zur »Wissenschaft der Logik«*,出处同
前,第 205 页。

69 身状况的建构基础成为可能。这个我及其活动的自身经验为人指
明了类存在物的社会性,这里能被提到的只有:在反映关系的每一
个阶段上,主体经验都是与其他主体的实存紧密关联在一起的。
当我发觉,我是以将一个他者的反作用描述为客观关系的方式来
反映我与对象的关系时,在自然需求满足的层面上,我就开始感到
这种关系也只是对象性的。在第二个阶段上,组织性的中介就加
入了进来,工作与认识的社会性(普遍对象!)也就变成可经验和将
被经验的。个人主义的形成在第三个阶段上——理论性地反映了
比如托马斯·霍布斯(1588—1679)的思想——已经预先假定了原
初社会性的明见性(Evidenz)。① 每一次自身经验都是对我所在的
世界的经验,而在强调这个主体的我(Ich-Subjekt)的意义上,每一
次的我的经验(Ich-Erfahrung)都是通过某个其他的主体的我(Ich-
Subjekt)所得出的肯定的经验。②

当这个我总是将作用于自在世界自身的它的实践关系经验为
世界对自身的一种回溯时,那么就它而言,对处于它内部的诸多外
部对象的交互作用和描摹(Abbilden)在"'自身给定性'中就是显然
的",对此帕夫洛夫曾着重提醒人们注意③,实践是作为反思关系、
作为反映过程而被确定的。这种映射结构是实践关系自身的范畴
形式,而且是在两个方向上:这些客体在它们的状况中以及在它们
的关系中映射了这些主体的干预,而这些主体在它们的状况中、在

---

① 如同在丹尼尔·笛福的小说中一样,鲁滨孙是一种人造的、实验性的虚
构。

② 参见 Georg Wilhelm Friedrich Hegel, *Die Wahrheit der Gewißheit seiner
selbst*, in: *Phänomenologie des Geistes*,出处同前,第 103—131 页。

③ Todor Pawlow, *Die Widerspiegelungstheorie*,出处同前,第 81—84 页。

它们的关系中以及在它们的意识中映射了这些客体的性质与作用。

（*辩证唯物论的三个语义-理论的层面*）但现在主体在实践中与自然被联合为一个有关作用与反作用的统一的复合体，它重新在明显的自身给定性之中将自己表现为自然的相互联系的一个部分。主体与客体的认识论二分只是第二个反思阶段的一个事后产物，而且在对反思的反思中它再次被当作假象来认识与扬弃。当行动的主体把自身理解为自然的部分并把实践理解为自然存在者之间的一种反映关系时，那么它同样可以把反映用作各个物质发展阶段上所有存在者之间交互作用关系的普遍模型。如此就可以区分出三个语义-理论的层面：1. 镜像**隐喻**描述了反思的结构。2. **反映理论**在哲学方面完善了镜子-形象的隐喻用法的含义与应用范围、结构与界限。3. 反映**定理**超越并说明了（1）镜像关系是处于映射物（Bespiegelten）与映射着的物（Spiegelnden）之间的一种相互关系（双重的反身）；（2）在一种反馈联系（*feed back*）的特殊关系之下，反身关系就这样再一次被反射（对反身的反身）；（3）在形成了人的实存方式的形式确定性的这种社会实践的形式之中，人的对象性活动是以其周围的人为前提的，这样就扩展出了有关"他者""你""集体"的中介机制（Instanz）的映射过程[①]；（4）由此，语言作为反映的媒介物获得了一种格外特殊的作用。[②] 反映定理在**本体论的普遍性**之中，表达了普遍的条件关联与个体的实体性的统

70

---

① 在此，让-保罗·萨特在他的著作《辩证理性批判》中做出的现象学的分析是富有启发性的：Jean-Paul Sartre, *Kritik der dialektischen Vernunft*, Hamburg 1967，第 100 页、第 128 页和第 270—365 页。

② 参见 Hans Heinz Holz, *Aspekte der Gegenständlichkeit*, in: *Dialektik und Widerspiegelung*, 出处同前，第 128—131 页。

一、作为一种物质关系的实在性、具有决定性意义的普遍要素的结构。恩格斯对组织形式和运动形式越来越复杂的自然存在者之发展的构想,作为以简单的交互效用为开端的反映过程的结果,给出了这种模型得以运行所依据的物质原则。因此,只有一种基于自然辩证法而建构,并从中推导而出的历史唯物主义的创立,才不会惧怕重新回到对人类活动本质的唯心主义理解中。但是反映定理表达的是自然辩证法的结构。

(反映定理与反映理论)根据所有这些考虑,我所理解的反映**定理**并不是一个"由一种哲学体系的原则演绎出来的原理"①,更确切地说,是观点与观点集合的这种处于系统性相互关联中的全体,即它们彼此依赖且各自相互补充而形成了一个世界构想,一个"形而上学的模型"。反映**理论**就狭义而言,是对能够通过镜像隐喻被精确表达的各种结构的完善;就广义而言,它是在限定的存在关系上分析"反映"范畴的运用并确定其界限的理论。与此相比,反映**定理**在我的语言惯用法中是那些理论构想的并存体(Syndrom),反映范畴为某个世界模型的建构所提供的解释学的解释力通过那些理论构想才得到支撑与证明。反映是对一种关系的形式规定;反映**定理**在概念的方式中表达这种关系。在概念的方式中作为定理,不仅这种反映过程和它的形式状况被说明(这将是反映**理论**),而且这些进入反映理论的逻辑上和存在上的前提也被系统地发展和联结,比如,所有存在者的普遍运动性(亚里士多德—莱布尼

---

① Andreas Hüllinghorst, *Systematische Gedanken zur 11. These über Feuerbach*, in: Topos 19, Widerspiegelung, Napoli 2002,第 48—75 页;此处为第 75 页。

茨),作为力的物质存在的规定(莱布尼茨),在"统一性"范畴的使用中的他者性范畴所具有的不可后退性(柏拉图,库萨的尼古拉,黑格尔),作为存在形式的矛盾(黑格尔)——以上就是使反映结构得以成为一个可用的"世界-概念"的所有概念要素。这个概念总体的内在相互关联构成了这种定理。然而,这也包含着不可或缺的各种部分性与从属性理论,比如一种理性隐喻学,一种共相理论,一种对目的论问题的澄清,对外延性与内涵性之间关系的规定(其中包括无限性问题)以及许多其他理论等。反映定理是一种在 72 这个全体之中的理论产物,它还包含着来源于对象性活动的反思,并把自身理解为对这种物质关系的反映(反思的反思;概念的概念)。这是哲学术语中"思辨的"与"思辨"的真正含义。一方面是我们作为物质现实(自在,En-soi)的外延性,另一方面是在概念中对物质现实的内涵性描述,并且通过这个概念,我们能为了自身将我们和这个世界在观念上对象化(自为,Pour-soi),只有在上述两方面之间的这种"思辨的"张力中,哲学才不是作为单纯的 δόξα (doxa),即作为各种显象的系统化,而是作为 ἀλήθεια(aletheia),即作为在世界的过程统一性之中的多样现实世界的自我展现。而这一直是哲学的基本主题与哲学争论得以产生的动因。

解释学运用与思辨结构

　　事态的含义通过与一个其他事态的比较而被展示、说明并且深化,这是在思维的语言表述性中就已经被确定了的。由事态向意义的转换使得,代表事态的这种意义能够被置于一种凭借对其他意义的熟知而被启发的理解之中,这一状况成为可能并且在很多情况下是必要的。自古希腊罗马时期以来,人们就把这种源于语言的语义结构的处理方式称为**解释学**。这说明,一个事物的形态或者含义被展示了出来。对此,隐喻是一种出色的手段,并且隐喻在语言理论形成之初就在修辞学与文体学中占有一定的地位。它是诗歌中诱发人们印象与协调人们感觉的手段,并且赋予雄辩的演说以着重点和说服力。在讲究修辞与富有诗意的演说中,隐喻的使用有助于对陈述进行修饰或者对含义进行拓展。

　　(*必要的隐喻的思辨内容*)因此,镜像隐喻的运用在哲学的用法上也是可以被理解的。一种富含形象的语言,比如柏拉图的语言或者黑格尔的语言,就充分运用了隐喻的解释学功能,即含义解释的功能。当黑格尔用一个果实的逐渐成熟或者一个胚胎的成长来比喻新事物的形成,而后又用一次雷击来比喻新事物的出场时,历史进程中的这种连续性与不连续性的关系就这样被感性地表现了出来。在这种意义上我们也可以说,一种隐喻是**精确的**。形象是对一个非直观事态的直观的可理解性说明。当莱布尼茨说,语言是知性的一面真正的镜子时,这就是一个精确的隐喻。因为镜子的形象清楚地表明,语词(意义)是处于一种与被知性所感知、想象或建构的事态间严格的表达关系之中,而且我们在已说出的话中,就如同在镜子中一样发现了在言说者的知性中被置入的东西。语言是知性的镜子这种表述,说出了一些有关知性活动的状况和含义的东西。它假定,我们已经对语言和知性应当说明的东西有了某种了解——而且自然地对在一种映射中所发生的东西有了某种了解。对隐喻的领会加深了我们的这种了解。这样一种隐喻不是必要的,却是有益的;它在哲学上越恰当,那么形象与所指物之间的相似性就越精确。

如果确实要借助一般的隐喻才能建构起一个意义范围,那就是另一回事了。赫拉克利特最先指出 λόγος(逻各斯)是"深刻的":"即使你出发并走遍每条街道,你也找不到灵魂的界限;所以深刻的就是它的含义(λόγος βαθύς logos bathys)。"①

逻各斯就它本身而言并不与空间相对应。由动词 λέγειν(言说)派生出来的逻各斯,指的是拾捡、采集的东西(das Zusammengelesene),就像在葡萄**采摘**(Wein*lese*)中的那些葡萄,

---

① Heraklit, *Fragmente*, ed. Bruno Snell, München 1944, frg. B45.

就像被挑选的单词的字母顺序,就像某个思想的内容次序。逻各斯也意味着一种关系,所采集的各组成部分在这种关系之中彼此相关。这种拼合是根据包含着某些东西的某个容器的特性而被思维的,而且一个这样的容器可以被充分利用或者就像涌出水源的泉一样取之不竭——这种意义最初是由隐喻所**创造的**。由此,逻各斯的意义领域得到了一个新的维度。我把做出了这种贡献的这些隐喻称作**必要的**,因为这些隐喻是显现出它们所指的含义的必要的产生条件。如果没有这些隐喻,那么对我们而言就没有确定的含义。①

但是,隐喻中所产生的含义并不简单地是一个"创造"隐喻的言说者的产品。更确切地说,在隐喻中显示着一个含义,这个含义自身自在地获得了所指物,但它只在它的形象之中显示自身。我可以再用一个隐喻来说明:在"深刻的"隐喻的镜子之中,我"看到"了**逻各斯**的含义。

如果我不能直接基于事物自身获得一种意义,而是只能原则上间接地在一种其他意义的镜子之中被给出一种意义,那么我把我的思维的对象称作一种"思辨的"对象,把对象与意义的关系称作一种"思辨的"关系,并且把有关于此的陈述称作一种"思辨的命题"。② 当一个隐喻使**作为这样的**一个思辨的对象得以被辨认,表达一种思辨的关系,创造一个思辨的命题时,这个隐喻就被思辨地使用了。隐喻是某种超经验事态的一面真实的镜子。镜子是必要

① 参见 Hans Heinz Holz, *Das Wesen metaphorischen Sprechens*,出处同前,以及 Jörg Zimmer, *Metapher*,出处同前。

② 参见 Hans Heinz Holz, *Natur und Gehalt spekulativer Sätze*,出处同前。

的隐喻,通过这个隐喻一种思辨的关系被建立起来。因此,镜像隐喻是思辨的哲学探讨的原初隐喻,并且它在这种使用中原则上更多地与一种解释学的思维形象有所不同。我采纳的是一种由柯尼希在其他关联中所引入的精确的表达形式:镜像隐喻**作为隐喻**在思辨上的运用不同于它在解释学中的运用。

从隐喻物中的思辨的和解释学的类差异之中,术语"反映"获得了它的特殊的哲学立场。辩证法的基本结构在映射物与被映射物的关系之中作为一个"被映射物的自身区别"被观察并成为可表述的。因为在镜子中仿佛产生了一种第二等的现实,它是原初现实的一种虚构,且同时也仍然作为部分的现实而属于这种原初现实;因为镜子的确是一个现实的事物。表征意味着通过一种语义的东西对一种真实关系进行替换。这种替换发生在日常生活的许多情景中,而在没有特殊的、有条理的措施的情况下,就会实现对真实关系的恢复。比如,如果一个国家领导人作为这个国家的代表签署了一部法律并使它由此具有法律上的效力,那么以后每个政府机构就都会真实地贯彻这部法律。这种表征性的行为在这种贯彻中获得了实在性。

人们可以说,这是"自然世界观"的唯物论。纯粹精神的各种事态可以使向真实的回归并非如此理所应当地源出于自身。它们需要的,是基于对观念性与物质性之间关系的条理性解释所做出的这种"转译"。反映理论发展了这种关系,并且解放了它在对象-实践的与在理论-解释的含义创建中的各种推导的视野,还使它在一个统一的模型中成为可理解的。它是辩证法的基础与前提。

75

进一步的文献

Bartels, Jeroen/Hans Heinz Holz/Jos Lensink/Detlev Pätzold: Dialektik als offenes System, Köln 1986

Holz, Hans Heinz: Die Selbstinterpretation des Seins. Formale Untersuchungen zu einer aufschließenden Metapher, in: Hegel-Jahrbuch 1961, 2. Halbband, S. 61 – 124

—Dialektik und Widerspiegelung, Köln 1983

—Leibniz, eine Monographie, Leipzig 1983

—Einheit und Widerspruch. Problemgeschichte der Dialektik in der Neuzeit, 3 Bände, Stuttgart, Weimar 1997 – 1998

—Weltentwurf und Reflexion, Stuttgart, Weimar (in Vorbereitung)

König, Josef: Sein und Denken; Halle/Saale 1937

Konersmann, Rolf: Lebendige Spiegel, Frankfurt/Main 1991

Jos Lensink: Zur theoretischen Struktur der marxistischen

Philosophie, in: Domenico Losurdo/Hans Jörg Sandkühler (Hg.),
Philosophie als Verteidigung des Ganzen der Vernunft, Köln 1988,
S. 15 - 44

Losurdo, Domenico/Hans Heinz Holz (Hg.): Topos 19:
Widerspiegelung, Neapel 2002

Metscher, Thomas: Shakespeares Spiegel, Band 1, Hamburg 1996

—Mimesis, Bielefeld 2001 (Bibliothek dialektischer Grundbegriffe).

**Metscher, Thomas/Wolfgang und Heidi Beutin/Volker Schürmann/
Gerhard Wagner:** Mimesis und Ausdruck, Köln 1999 (dialectica
minora 13)

Pätzold, Detlev: Historische Spuren des Widerspiegelungstheorems,
in: Domenico Losurdo/Hans Jörg Sandkühler (Hg.), Philosophie
als Verteidigung des Ganzen der Vernunft, Köln 1988, S. S. 35 - 44

Pawlow, Todor: Die Widerspiegelungstheorie, Berlin 1973,
zuerst Moskau 1937

Peters, Klaus: Sehen wir im Spiegel das Ding selbst?, in:
Hans Heinz Holz (Hg.), Formbestimmtheiten von Sein und
Denken, Köln 1982, S. 41 - 54

Schickel, Joachim: Spiegelbilder, Stuttgart 1975

—Über Leibniz, in: Domenico Losurdo/Hans Jörg Sandkühler
(Hg.), Philosophie als Verteidigung des Ganzen der Vernunft, Köln
1988, S. 65 - 87

—Das Zeigen des Spiegels, in: Hermann Klenner et al.
(Hg.), Repræsentatio Mundi, Festschrift zum 70. Geburtstag

von Hans Heinz Holz, Köln 1997, S. 165 - 185

Zimmer, Jörg: Schein und Reflexion, Köln 1996 (dialectica minora 11)

—Reflexion, Bielefeld 2000, (Bibliothek dialektischer Grundbegriffe)

—Metapher, Bielefeld² 2003, (Bibliothek dialektischer Grundbegriffe)

中外文术语对照表

abbilden；Abbilden；Abbildung
　描摹

Abbild 摹本

das Abgebildete 描摹物

an sich 自在的

Bespiegelte 映射物

Bild 形象

Dasein 此在

das Eigentliche 本真物

Erscheinung 显象

Existenz；existieren 实存

fürsich 自为的

Ganze 总体

Gattungsbegriff 类概念

Gegenstand 对象

Gegenwart 在场

Gesamt 全体

das Gespiegelte 被映射物

Idee 观念/理念

Inbild 内形象

In-Sein；*inesse* 内-存在

Kategorie 范畴

Mimesis；*imitatio* 模仿

Modell 模型

noetisch 纯理性的

ontisch 存在上的

Perspektivität 视域性

Phänomen 现象

Projektion 投影

Realität 实在性/实在

reflektiert 反射的

Reflexion 反思/反身

Reflexivität 反身性

reflexiv 反身的

Repräsentation 表征

Sachverhalt 事态

Schein 假象/映象

Seienden 存在者

Sein 存在

Sosein 如此存在

Spezies 种

spiegeln；Spiegelung 映射

das Spiegelnde 映射着的物

Spiegelverhältnis 镜像关系

Spiegel 镜子；镜像

Substanz 实体

Symbol 象征

Totalität 整体

transempirisch 超经验的

Täuschung 错觉

Universalien 共相

Urbild 原型

Vergegenwärtigung 在场性还原

virtuell 虚假的

widerspiegeln；Widerspiegelung 反映

wirklich 现实的

Zeichen 符号

《当代学术棱镜译丛》
已出书目

媒介文化系列

第二媒介时代 [美]马克·波斯特

电视与社会 [英]尼古拉斯·阿伯克龙比

思想无羁 [美]保罗·莱文森

媒介建构:流行文化中的大众媒介 [美]劳伦斯·格罗斯伯格 等

揣测与媒介:媒介现象学 [德]鲍里斯·格罗伊斯

媒介学宣言 [法]雷吉斯·德布雷

媒介研究批评术语集 [美]W. J. T. 米歇尔 马克·B. N. 汉森

全球文化系列

认同的空间——全球媒介、电子世界景观与文化边界 [英]戴维·莫利

全球化的文化 [美]弗雷德里克·杰姆逊 三好将夫

全球化与文化 [英]约翰·汤姆林森

后现代转向 [美]斯蒂芬·贝斯特 道格拉斯·科尔纳

文化地理学 [英]迈克·克朗

文化的观念 [英]特瑞·伊格尔顿

主体的退隐 [德]彼得·毕尔格

反"日语论" [日]莲实重彦

酷的征服——商业文化、反主流文化与嬉皮消费主义的兴起 [美]托马斯·弗兰克

超越文化转向 [美]理查德·比尔纳其 等

全球现代性:全球资本主义时代的现代性 [美]阿里夫·德里克

文化政策 [澳]托比·米勒 [美]乔治·尤迪思

通俗文化系列

解读大众文化 [美]约翰·菲斯克

文化理论与通俗文化导论(第二版) [英]约翰· 斯道雷

通俗文化、媒介和日常生活中的叙事 [美]阿瑟·阿萨·伯格

文化民粹主义 [英]吉姆·麦克盖根

詹姆斯·邦德:时代精神的特工 [德]维尔纳·格雷夫

消费文化系列

消费社会 [法]让·鲍德里亚

消费文化——20世纪后期英国男性气质和社会空间 [英]弗兰克·莫特

消费文化 [英]西莉娅·卢瑞

大师精粹系列

麦克卢汉精粹 [加]埃里克·麦克卢汉 弗兰克·秦格龙

卡尔·曼海姆精粹 [德]卡尔·曼海姆

沃勒斯坦精粹 [美]伊曼纽尔·沃勒斯坦

哈贝马斯精粹 [德]尤尔根·哈贝马斯

赫斯精粹 [德]莫泽斯·赫斯

九鬼周造著作精粹 [日]九鬼周造

社会学系列

孤独的人群 [美]大卫·理斯曼

世界风险社会 [德]乌尔里希·贝克

权力精英 [美]查尔斯·赖特·米尔斯

科学的社会用途——写给科学场的临床社会学 [法]皮埃尔·布尔迪厄

文化社会学——浮现中的理论视野 [美]戴安娜·克兰

白领:美国的中产阶级 [美]C. 莱特·米尔斯

论文明、权力与知识 [德]诺贝特·埃利亚斯

解析社会:分析社会学原理 [瑞典]彼得·赫斯特洛姆

局外人:越轨的社会学研究 [美]霍华德·S. 贝克尔

社会的构建 [美]爱德华·希尔斯

新学科系列

后殖民理论——语境 实践 政治 [英]巴特·穆尔-吉尔伯特

趣味社会学 [芬]尤卡·格罗瑙

跨越边界——知识学科 学科互涉 [美]朱丽·汤普森·克莱恩

人文地理学导论:21 世纪的议题 [英]彼得·丹尼尔斯 等

文化学研究导论:理论基础·方法思路·研究视角 [德]安斯加·纽宁
[德]维拉·纽宁主编

世纪学术论争系列

"索卡尔事件"与科学大战 [美]艾伦·索卡尔 [法]雅克·德里达 等

沙滩上的房子 [美]诺里塔·克瑞杰

被困的普罗米修斯 [美]诺曼·列维特

科学知识:一种社会学的分析 [英]巴里·巴恩斯 大卫·布鲁尔 约翰·亨利

实践的冲撞——时间、力量与科学 [美]安德鲁·皮克林

爱因斯坦、历史与其他激情——20 世纪末对科学的反叛 [美]杰拉尔德·
霍尔顿

真理的代价:金钱如何影响科学规范 [美]戴维·雷斯尼克

科学的转型:有关"跨时代断裂论题"的争论 [德]艾尔弗拉德·诺德曼
[荷]汉斯·拉德 [德]格雷戈·希尔曼

广松哲学系列

物象化论的构图 [日]广松涉

事的世界观的前哨 [日]广松涉

文献学语境中的《德意志意识形态》[日]广松涉

存在与意义（第一卷）[日]广松涉

存在与意义（第二卷）[日]广松涉

唯物史观的原像 [日]广松涉

哲学家广松涉的自白式回忆录 [日]广松涉

资本论的哲学 [日]广松涉

马克思主义的哲学 [日]广松涉

世界交互主体的存在结构 [日]广松涉

国外马克思主义与后马克思思潮系列

图绘意识形态 [斯洛文尼亚]斯拉沃热·齐泽克 等

自然的理由——生态学马克思主义研究 [美]詹姆斯·奥康纳

希望的空间 [美]大卫·哈维

甜蜜的暴力——悲剧的观念 [英]特里·伊格尔顿

晚期马克思主义 [美]弗雷德里克·杰姆逊

符号政治经济学批判 [法]让·鲍德里亚

世纪 [法]阿兰·巴迪欧

列宁、黑格尔和西方马克思主义：一种批判性研究 [美]凯文·安德森

列宁主义 [英]尼尔·哈丁

福柯、马克思主义与历史：生产方式与信息方式 [美]马克·波斯特

战后法国的存在主义马克思主义：从萨特到阿尔都塞 [美]马克·波斯特

反映 [德]汉斯·海因茨·霍尔茨

为什么是阿甘本？[英]亚历克斯·默里

未来思想导论:关于马克思和海德格尔 [法]科斯塔斯·阿克塞洛斯

无尽的焦虑之梦:梦的记录(1941—1967) 附《一桩两人共谋的凶杀案》

(1985) [法]路易·阿尔都塞

经典补遗系列

卢卡奇早期文选 [匈]格奥尔格·卢卡奇

胡塞尔《几何学的起源》引论 [法]雅克·德里达

黑格尔的幽灵——政治哲学论文集[Ⅰ] [法]路易·阿尔都塞

语言与生命 [法]沙尔·巴依

意识的奥秘 [美]约翰·塞尔

论现象学流派 [法]保罗·利科

脑力劳动与体力劳动:西方历史的认识论 [德]阿尔弗雷德·索恩-雷特尔

黑格尔 [德]马丁·海德格尔

黑格尔的精神现象学 [德]马丁·海德格尔

生产运动:从历史统计学方面论国家和社会的一种新科学的基础的建

立 [德]弗里德里希·威廉·舒尔茨

先锋派系列

先锋派散论——现代主义、表现主义和后现代性问题 [英]理查德·墨菲

诗歌的先锋派:博尔赫斯、奥登和布列东团体 [美]贝雷泰·E.斯特朗

情境主义国际系列

日常生活实践 1.实践的艺术 [法]米歇尔·德·塞托

日常生活实践 2.居住与烹饪 [法]米歇尔·德·塞托 吕斯·贾尔 皮埃尔·

梅约尔

日常生活的革命 [法]鲁尔·瓦纳格姆

居伊·德波——诗歌革命 [法]樊尚·考夫曼

景观社会 [法]居伊・德波

当代文学理论系列

怎样做理论 [德]沃尔夫冈・伊瑟尔

21 世纪批评述介 [英]朱利安・沃尔弗雷斯

后现代主义诗学：历史・理论・小说 [加]琳达・哈琴

大分野之后：现代主义、大众文化、后现代主义 [美]安德列亚斯・胡伊森

理论的幽灵：文学与常识 [法]安托万・孔帕尼翁

反抗的文化：拒绝表征 [美]贝尔・胡克斯

戏仿：古代、现代与后现代 [英]玛格丽特・A. 罗斯

理论入门 [英]彼得・巴里

现代主义 [英]蒂姆・阿姆斯特朗

叙事的本质 [美]罗伯特・斯科尔斯　詹姆斯・费伦　罗伯特・凯洛格

文学制度 [美]杰弗里・J. 威廉斯

新批评之后 [美]弗兰克・伦特里奇亚

文学批评史：从柏拉图到现在 [美]M. A. R. 哈比布

德国浪漫主义文学理论 [美]恩斯特・贝勒尔

萌在他乡：米勒中国演讲集 [美]J. 希利斯・米勒

文学的类别：文类和模态理论导论 [英]阿拉斯泰尔・福勒

思想絮语：文学批评自选集(1958—2002) [英]弗兰克・克默德

叙事的虚构性：有关历史、文学和理论的论文(1957—2007) [美]海登・
怀特

21 世纪的文学批评：理论的复兴 [美]文森特・B. 里奇

核心概念系列

文化 [英]弗雷德・英格利斯

风险 [澳大利亚]狄波拉・勒普顿

学术研究指南系列

美学指南 [美]彼得·基维

文化研究指南 [美]托比·米勒

文化社会学指南 [美]马克·D. 雅各布斯 南希·韦斯·汉拉恩

艺术理论指南 [英]保罗·史密斯 卡罗琳·瓦尔德

《德意志意识形态》与文献学系列

梁赞诺夫版《德意志意识形态·费尔巴哈》[苏]大卫·鲍里索维奇·梁赞诺夫

《德意志意识形态》与 MEGA 文献研究 [韩]郑文吉

巴加图利亚版《德意志意识形态·费尔巴哈》[俄]巴加图利亚

MEGA：陶伯特版《德意志意识形态·费尔巴哈》 [德]英格·陶伯特

当代美学理论系列

今日艺术理论 [美]诺埃尔·卡罗尔

艺术与社会理论——美学中的社会学论争 [英]奥斯汀·哈灵顿

艺术哲学：当代分析美学导论 [美]诺埃尔·卡罗尔

美的六种命名 [美]克里斯平·萨特韦尔

文化的政治及其他 [英]罗杰·斯克鲁顿

现代日本学术系列

带你踏上知识之旅 [日]中村雄二郎 山口昌男

反·哲学入门 [日]高桥哲哉

作为事件的阅读 [日]小森阳一

超越民族与历史 [日]小森阳一 高桥哲哉

现代思想史系列

现代化的先驱——20 世纪思潮里的群英谱 [美]威廉·R. 埃弗德尔

现代哲学简史 [英]罗杰·斯克拉顿

美国人对哲学的逃避:实用主义的谱系 [美]康乃尔·韦斯特

视觉文化与艺术史系列

可见的签名 [美]弗雷德里克·詹姆逊

摄影与电影 [英]戴维·卡帕尼

艺术史向导 [意]朱利奥·卡洛·阿尔甘 毛里齐奥·法焦洛

电影的虚拟生命 [美]D. N. 罗德维克

绘画中的世界观 [美]迈耶·夏皮罗

缪斯之艺:泛美学研究 [美]丹尼尔·奥尔布赖特

视觉艺术的现象学 [英]保罗·克劳瑟

当代逻辑理论与应用研究系列

重塑实在论:关于因果、目的和心智的精密理论 [美]罗伯特·C. 孔斯

情境与态度 [美]乔恩·巴威斯 约翰·佩里

逻辑与社会:矛盾与可能世界 [美]乔恩·埃尔斯特

指称与意向性 [挪威]奥拉夫·阿斯海姆

波兰尼意会哲学系列

认知与存在:迈克尔·波兰尼文集 [英]迈克尔·波兰尼

科学、信仰与社会 [英]迈克尔·波兰尼

现象学系列

伦理与无限:与菲利普·尼莫的对话 [法]伊曼努尔·列维纳斯

图书在版编目(CIP)数据

反映 /(德)汉斯·海因茨·霍尔茨著;刘萌,张
丹译. — 南京:南京大学出版社,2019.7(2021.5重印)
(当代学术棱镜译丛 / 张一兵主编)
ISBN 978 - 7 - 305 - 21684 - 8

Ⅰ. ①反… Ⅱ. ①汉… ②刘… ③张… Ⅲ. ①反映—
研究 Ⅳ. ①B023

中国版本图书馆 CIP 数据核字(2019)第 039497 号

Widerspiegelung
by Hans Heinz Holz
© 2003 transcript Verlag, Bielefeld
This simplified Chinese edition published 2019
by Nanjing University Press, Nanjing
by arrangement with transcript Verlag, Germany

江苏省版权局著作权合同登记 图字:10 - 2017 - 723 号

出版发行 南京大学出版社
社　　址 南京市汉口路 22 号　　　　邮 编 210093
出 版 人 金鑫荣
丛 书 名 当代学术棱镜译丛
书　　名 反映
著　　者 [德]汉斯·海因茨·霍尔茨
译　　者 刘 萌 张 丹
责任编辑 巫闽花 张 静
照　　排 南京南琳图文制作有限公司
印　　刷 江苏凤凰通达印刷有限公司
开　　本 635×965 1/16 印张 7.25 字数 80 千
版　　次 2019 年 7 月第 1 版 2021 年 5 月第 3 次印刷
ISBN 978 - 7 - 305 - 21684 - 8
定　　价 30.00 元

网址:http://www.njupco.com
官方微博:http://weibo.com/njupco
官方微信号:njupress
销售咨询热线:(025) 83594756